19
MUJERES DE PAZ
EN TIEMPOS CONVULSOS

Juan Carlos Castelló Meliá

19
MUJERES DE PAZ
EN TIEMPOS CONVULSOS

Juan Carlos Castelló Meliá

VINATEA
EDITORIAL

VINATEA
EDITORIAL

www.editorialvinatea.com
1ª edición: 2024
ISBN: 978-84-128345-2-9
DL: V-3126-2024

Impreso en España

Podría ser un acto de obediencia
lo que trajera a la Humanidad
su final.

Fromm, E. *Sobre la desobediencia*

En este mundo hay cosas insoportables (…)
Yo le digo a los jóvenes: buscad y encontraréis.
La peor actitud es la indiferencia.

Hessel, S. *¡Indignaos!*

Índice

PRESENTACIÓN

PARTE I
Rebeldía, desobediencia e indignación

PARTE II
Mujeres de Paz

En conclusión

PRESENTACIÓN

Este libro surge de la necesidad de exhortar a la juventud a que despierte del sonambulismo en que la mayoría está inmersa y empiece a reaccionar ante un mundo que va entrando en colapso. Dicho de otro modo, pretendo que cada joven se indigne ante la situación que vivimos: un mundo en el que cada vez es más evidente la tendencia a la violencia en todas sus variantes (guerra, sexismo, aporofobia, etc.), a caer en la falsa promesa del *desarrollismo* y su eterno progreso (tan cínicamente eterno que tiene cercana la fecha de caducidad: según la ONU, el año 2050), a la instalación de la mentira y la falsedad en la vida cotidiana y en la institucional también (a base de bulos, engaños, simulaciones), etc.

Cada día que pasan con la mirada en la pantalla del móvil, la vida les pasa de largo tanto como las oportunidades para reaccionar. Así que los lemas *Sapere aude!* (Immanuel Kant), *¡Reacciona!* (Federico Mayor Zaragoza et al.), *¡Indignaos!* (Stephan Hessel), *¡Espabilemos!* (Carlos Taibo), etc., deben llegarles con energía, sacudirles y formar parte de su trayectoria vital.

¿Cómo hacerlo? He optado por alejarme de los poderosos y desde luego sólidos argumentos científicos, filosóficos y sociales que señalan la situación de precariedad hacia la que nos vemos abocados, para acercarme en cambio a 19 figuras femeninas que son (deben ser) referentes para la humanidad, referentes que arrojan luz sobre una situación compleja y un futuro incierto, pero una luz que igualmente alberga esperanza, no un esperar sin más, sino un impulso de consciencia que salve la vida…

¿Solo voces femeninas? Sí, por tres razones: de un lado, estamos necesitados de aprender a cuidar, y el cuidado (aunque sea cosa de seres humanos, esto es, de hombres y de mujeres)[1] ha recaído en las mujeres, por lo que son las que guardan la sabiduría del cuidado casi desde la noche de los tiempos, especialmente desde la negra noche de los tiempos modernos (capitalismo);

---

[1] Leonardo Boff sostiene, en *Femenino y Masculino. Una nueva conciencia para el encuentro de las diferencias*, que durante cientos de miles de años ha operado una armonía igualitaria del cuidado en los seres humanos, sin distinción de hombres y mujeres. Solo con el advenimiento del Neolítico se rompió este equilibrio del cuidado, desplazándose este hacia la esfera femenina; desde entonces hasta ahora parece que encargarse del cuidado, del hogar, es cosa natural femenina, igual que la esfera pública sería el espacio natural masculino. Esto explica muchas cosas todavía actuales, a pesar de los cambios y avances sobre igualdad de género que vamos viendo, poco a poco, en este siglo XXI.

de otro lado, porque tras milenios de experiencia vital humana, creo que se ha evidenciado que la paz será femenina o no será; finalmente, porque esta decisión supone una humilde contribución para hacer justicia a quienes han estado, y todavía lo están, marginadas en la esfera pública, silenciadas e ignoradas en su imprescindible labor en el devenir de la humanidad.

Así pues, y de entre las posibilidades de llegar a las personas jóvenes, vi que tratar con referentes femeninos de alto nivel era una solución posible, de modo que apelar a las Premios Nobel de la Paz se me representaba como una buena opción.

Pero, ¿solo dirigido a la juventud? Esto sería un error. Es imprescindible implicar a los demás miembros de la familia, y por eso, y necesariamente, va dirigido a sus abuelos y abuelas, quienes seguramente han vivido en la época en que se tacharon esas referencias femeninas; pero también a los padres y las madres, a quienes puede venirles bien un modo sencillo de transmitir la necesidad de Paz y, con ella, de porvenir para sus hijos e hijas.

Mi intención, en fin, es que las personas lectoras (más allá de si son jóvenes o no) se hagan cargo de la realidad que estamos viviendo, carguen con ella y se encarguen de ella, como pedía Ignacio Ellacuría.

Para *hacerse cargo de la realidad* hay, obviamente, que conocerla. Esta necesidad trato de cubrirla exponiendo brevemente las ideas principales de los discursos de cada una de las 19 Premios Nobel de la Paz. Todas ellas dan cuenta suficientemente de esa realidad, desde muchos ángulos: social, económico, ecológico, etc.

Una vez conocida esa realidad, hay que *cargar con ella*. Y creo que no hay mejor manera que tener la vida de nuestras protagonistas como referente. De hecho, ellas *cargan con* esa realidad aun corriendo graves riesgos; nosotros, en cambio, podemos cargar con ella con bastante menos riesgo, pues vivimos en una zona geográfica de seguridad que nos permite actuar sin que nuestra vida peligre. Pero no perdamos de vista que es la nuestra una acción éticamente necesaria (se trataría de un imperativo moral), porque sin la participación respetuosa y activa de la ciudadanía democrática, a la que pertenecemos, no será posible alcanzar un cambio verdadero en el mundo, y aún menos en el mundo totalitario que va desplegándose con no poca fuerza, contagiando xenofobia, aporofobia, sexismo, homofobia y transfobia, guerra...

Finalmente, para *encargarse de esa realidad*, hay que aprender a interiorizar la tarea que la humanidad a la que pertenecemos nos ha encargado, a través de las demandas de la ONU y de la propia Declaración de los Derechos Humanos que, con sus defectos si se quiere, es la máxima expresión de la *buena voluntad*, en el sentido kantiano de la palabra, que nos invita a actuar según la máxima que podamos querer que se convierta, al mismo tiempo, en ley universal o, lo que es igual, que afecte a todas las personas, comenzando por las vulnerables.

Pero encargarse de la realidad no es, ciertamente, tan fácil. Además de los referentes, hace falta dejar de lado la indiferencia en la que solemos estar instalados. ¡Es tan cómodo no estar emancipados!, denunciaba Kant. De ti depende despertar, dejar la zona de indiferencia y emanciparte para que un mundo mejor sea posible. Ese mundo mejor vendrá, desde luego, de la Política, pero la política eres tú y nuestro esfuerzo común en el horizonte siempre de los Derechos Humanos.

Ese mejor mundo posible ha sido impulsado por las 19 mujeres galardonadas con el Premio Nobel de la Paz. Se trata de Bertha von Suttner, Jane Addams, Emily Greene Balch, Betty Williams y Mairead Maguire, Agnes Gonxha Bojaxhiu (conocida como Teresa de Calcuta), Alva Myrdal, Aung San Suu Kyi, Rigoberta Menchú, Jody Williams, Shirin Ebadi, Wangari Maathai, Ellen Johnson–Sirleaf, Leymah Gbowee y Tawakkol Karman, Malala Yousafzai, Nadia Murad, María Ressa y, finalmente, Narges Mohammadi.

Diecinueve mujeres de paz en tiempos convulsos, diecinueve mujeres rebeldes, indignadas, desobedientes, empoderadas a la búsqueda de justicia y de paz.

PARTE I

Rebeldía, desobediencia e indignación

1. Acerca de la rebeldía

Sin querer entrar en profundidad en un tema tan importante y complejo como es la rebeldía ética, sí creo necesaria una breve aproximación al mismo, puesto que cada una de nuestras 19 protagonistas es una mujer rebelde. Rebelde en el sentido que nos enseñó Albert Camus.

En acuerdo con Gambra[2], diría que se pueden ver en el pensamiento de Camus tres sentimientos fundamentales que confluyen y conforman su idea de rebelión, a saber: la fidelidad a la tierra, el aprecio de la libertad y el compromiso activo con la vida. Cada una de nuestras protagonistas es, como decía, una mujer rebelde: una mujer fiel a la tierra, libre y comprometida activamente con la vida, actividad que se identifica con luchar por la Paz entendida como la condición de posibilidad de la vida, con ausencia de violencia y presencia de derechos humanos. Solo así se preserva verdaderamente la vida.

Valdrá la pena, entonces, detenerse por un momento en el concepto de rebeldía. Camus nos dice de ella que se trata de un acto subjetivo interior de aceptación y de sinceridad; o, como diría Ortega y Gasset, un «encajar», un ponerse de acuerdo consigo misma, rompiendo así con los prejuicios y los convencionalismos que limitan el potencial humanizante de cada persona. Es por eso que la rebelión se pueda considerar un estilo de vida, una especie de conversión en virtud de la cual busca cada persona una coherencia entre lo que hace, lo que siente y lo que cree, y acepta asimismo el riesgo histórico de su propio existir, encajándolo en un ideal humanizador radical (que desde 1948 tenemos fácil de identificar: la Declaración Universal de los Derechos Humanos). Esto es lo que le pasa y hace cada una de las personas galardonadas con el Nobel de la Paz.

Cuando la rebelión supone un verdadero aceptar la propia situación (la indigente y absurda existencia), de resultas lo que hace es germinar en las entrañas de esa persona rebelde un estilo de vida bruñido de libertad y de serenidad, que predispone a la firmeza en la misión autoimpuesta.

La idea de rebelión en el principal escrito al respecto de Camus, *El hombre rebelde*, se entiende como un esfuerzo de liberación que toma su sentido sobre el quehacer comunitario y está orientado hacia valores que trascienden de la historicidad vital. La rebelión, pues, es impulso personal, y como tal, empresa de límites y de tensión entre el ser humano y el mundo.

---

[2] GAMBRA, Rafael. «Rebelión y revolución en la obra de Camus», Nuestro tiempo, n° 69, año 1960, pp. 120 a130

Hay dos fragmentos de *El mito de Sísifo*[3] que traen a primera línea de reflexión la importancia de la rebelión. Dejo que sea el propio Camus el que nos invite a dilucidar en torno a ella, a través de su extraordinaria literatura:

Toda la alegría silenciosa de Sísifo consiste en eso. Su destino le pertenece. Su roca es su cosa (…). Por lo demás, sabe que es dueño de sus días. En ese instante sutil en que el hombre vuelve sobre su vida, como Sísifo vuelve hacia su roca, en ese ligero giro, contempla esa serie de actos desvinculados que se convierte en su destino, creado por él, unido bajo la mirada de su memoria (…).

Dejo a Sísifo al pie de la montaña. Se vuelve a encontrar siempre su carga. Pero Sísifo enseña la fidelidad superior (…). El esfuerzo mismo para llegar a las cimas basta para llenar un corazón de hombre. Hay que imaginarse a Sísifo dichoso[4].

Creo que todas nuestras Premios Nobel de la Paz, con los matices que se quiera, suscribirían esas palabras, que son literatura, que son filosofía, que son palabra hecha vida que se hace cargo de la realidad, carga con ella y, sobre todo, se encarga de darle la vuelta en búsqueda de la paz, esto es, de la no violencia y el despliegue de todos los derechos humanos.

Casi al final del mismo libro, en una reflexión sobre la esperanza y lo absurdo en la obra de Franz Kafka, vuelve Camus a una reflexión que, del mismo modo, suscribirían las 19 mujeres de las que en nada formarán parte de nuestra vida.

Pocas obras son más rigurosas en su desarrollo que El castillo. A K… le nombran agrimensor del castillo y llega a la aldea. Pero desde la aldea es imposible comunicarse con el castillo. Durante centenares de páginas se obstinará K… en encontrar su camino, hará todas las diligencias posibles, empleará astucias, andará con rodeos, no se enfadará nunca y, con una fe desconcertante, se empeñará en ejercer la función que se le ha confiado. Cada capítulo es un fracaso. Y también una reanudación. No es lógica, sino perseverancia. La amplitud de esta obstinación constituye lo trágico de la obra.

Cuando K… telefonea al castillo oye voces confusas y mezcladas, risas vagas, llamamientos lejanos. Eso basta para alimentar su esperanza, como esos signos que aparecen en los cielos de estío, o esas promesas del anochecer que constituyen nuestra razón de vivir[5].

Efectivamente, descubriremos en cada una de nuestras 19 protagonistas a una *K*, una persona que se empeñará y comprometerá en encontrar su camino,

---

[3] CAMUS, Albert. El mito de Sísifo. [en línea]. Piedra Labrada, Ver., Al fin liebre Ediciones digitales. 2009

[4] Ibíd. pp. 69–70

[5] Ibíd., pp. 75–76

que hará todas las diligencias posibles, andará con una fe desconcertante y se empeñará en ejercer la función que se le ha confiado, que se ha autoimpuesto. Y veremos que cada episodio de su vida, cada capítulo, es un fracaso. También una reanudación. Y encontraremos que, finalmente, *K* coincidirá con *Sísifo*: habrá que imaginarles dichosos buscando el camino del corazón...

2. Acerca de la desobediencia

Decía Dwight Macdonald[6], casi al final de la Segunda Guerra Mundial, que, a la vista de lo sucedido en la época de los totalitarismos, a quienes había de temerse era a los que cumplen la ley, a los obedientes. El hecho histórico lo corrobora, desde el punto de vista de la psicología social, otro gran intelectual, Stanley Milgram, en sus contrastados estudios sobre la *obediencia a la autoridad*.

Consternados por sus constataciones, ambos se preguntan por qué obedecemos. No pocos de sus escritos tratar de responder a esta espinosa (y vergonzosa) cuestión. En este ensayo, sin embargo, trato de contestarla dándole otro enfoque y contenido, preguntándome por qué más bien no *desobedecemos* (cuando lo que se nos pide atenta contra la dignidad de las personas).

Es por ello que propongo descubrir y recortar el perfil de mujeres que se han comprometido a fondo (no solo testimonialmente) con la libertad y la justicia, que se han sublevado contra los autoritarismos en sus diversas formas y extensiones, y que han embestido contra la obediencia con audacia y valor. Diecinueve mujeres desobedientes. Desobediencia en medio del silencio, e incluso la complicidad obediente de otra parte de la ciudadanía, la mayor. Precisamente el contraste entre ambos posicionamientos puede revelarnos una respuesta suficiente, aunque imperfecta, a la cuestión planteada.

¿Qué rasgos caracterizan a estas 19 mujeres resistentes y desobedientes del siglo XX–XXI? Si dejamos de lado la singularidad de cada una de ellas y buscamos los rasgos comunes, sus marcas distintivas, podemos destacar las que siguen:

En primer lugar, cabe subrayar que son víctimas, pero no son solo víctimas–diana, sino también víctimas–resistentes. Una víctima–diana es la que está en el punto de mira del poder. Todas ellas, de un modo y otro, lo están; pero también son víctimas–resistentes, porque optaron por ponerse del lado de las víctimas, de la justicia, y eso es lo que las lleva a ser también víctimas–resistentes.

---

[6] *The Responsibility of Peoples: An Essay on War Guilt,* (Ed. Politics, Nueva York, 1945)

El segundo rasgo común es que tienen una gran capacidad de observación y objetividad, y por eso resultan ser testigos idóneos de la violencia: pueden narrar lo que ven y sienten con suficiente objetividad, lo cual no es óbice para que *eso* que sucede les afecte subjetivamente, íntimamente, y aun así ni distorsionan la realidad ni su papel en ella. Cargan con ella y se encargan de ella.

En tercer lugar, destaca en todas ellas su valentía, pues resisten, pasiva y/o activamente, todas las presiones directas e indirectas que acaban recibiendo del poder, pero no ceden: ni callan ni se ponen del lado de los victimarios, con idéntica actitud a la de Sísifo. Por ello mantienen la dignidad y por eso mismo decimos que son conciencias indoblegables.

En cuarto lugar, coinciden en su forma de ser «resistente», que tiene que ver directamente con las tres fases de la actitud de toda ciudadanía crítica, que veíamos con Ellacuría: se *hacen cargo* de la realidad violenta, *cargan con* ella de tal modo que hacen suyo el sufrimiento de otros (y el propio) y, finalmente, *se encargan de* luchar contra esa realidad radical, denunciándola y apostando por la justicia, la igualdad y la libertad.

El quinto y último rasgo común es su soledad. De hecho, de todas ellas se puede obtener una última lección, la más importante quizás: no deberíamos necesitar de estas ciudadanas, que luchan y arriesgan sus vidas contra la violencia política y en favor de los Derechos Humanos; lo que necesitamos son ciudadanos y ciudadanas rebeldes y desobedientes (legítimos) que, por eso mismo, estén éticamente preparados para enfrentarse al poder cuando atenta contra los Derechos Humanos y en tanto que trate de abrirse camino derribando la democracia ya instalada o bien imposibilitando su arraigo y despliegue.

Así es que nos encontramos con 19 mujeres que han sufrido en sus vidas el drama de la violencia política, mujeres de distintos rincones del mundo que han visto sus vidas afectadas, alteradas, destrozadas en no pocos casos, a causa de esta violencia; pero mujeres que, a pesar de todo, han tomado la decisión de formar parte de la ciudadanía desobediente, resistente, que —a la postre— resulta ser el mejor antídoto contra el mal político. Un mal que, por otro lado, resulta inevitable. Un mal que está inscrito en nuestras entrañas y en el código de nuestras sociedades. Pero, y este es el objeto último de este ensayo, una cosa es que sea inevitable y otra es que no podamos detener su despliegue. ¿Y si todos nos educásemos en una ciudadanía crítica, formando parte y agrandando la historia de las desobediencias? Todo un reto que tiene su especial escenario de desarrollo en la educación.

Pero la desobediencia, la resistencia, la indignación, la rebeldía, son actitudes éticas en las que no todo vale. La audacia y el vigor contra el poder político ilegítimo tiene también un límite, límite que nos muestra el perfil vital de todas y cada una de las extraordinarias personas cuya biografía y perfil axiológico invito a conocer o a recordar a través de estas páginas.

3. Acerca de la indignación

Es Stéphane Hessel quien, a la edad de 93 años y a modo de testimonio final, nos invita a indignarnos. Así titula precisamente su último escrito, el opúsculo *¡Indignaos!* Hessel sabe que está en la «última etapa» de su vida, que su «fin no está lejos», y por eso no puede dejar de hacer esa petición. *¡Indignaos!* es, pues, un manifiesto a modo de legado que tiene que ver con la dignidad, es más, con la capacidad y voluntad de indignarse. Para ello, su escrito puede considerarse como un último regalo en el que expone aquello que le ha servido de base a su compromiso, un compromiso ético y político fuera de toda duda, un compromiso ligado con la libertad y la igualdad, también con la justicia; un compromiso que se fraguó en los años de resistencia (II Guerra Mundial) y se consagró en el programa elaborado por el Consejo Nacional de la Resistencia, hace casi más de 80 años, pero de absoluta actualidad.

No hay más que fijarse en el subtítulo del manifiesto, *Un alegato contra la indiferencia y a favor de la insurrección pacífica*, para apreciar su encaje en este ensayo, pues las dos propuestas son una idéntica invitación a no ser indiferentes, a rebelarse, a reencontrarse con la indignación pacífica.

En nuestro caso, como ya sabemos, apelando a 19 Premios Nobel de la Paz; en su caso, Hessel apela a un referente personal–histórico: los años de la II Guerra Mundial y posguerra, en los que se fraguaron los principios y los valores del compromiso de la resistencia. Son estos —nos dice— los que necesitamos ahora, quizás hoy más que nunca. Porque necesitamos («es nuestra obligación») cuidar juntos, trabajar en un esfuerzo común, para que nuestra sociedad no deje de ser una sociedad digna, justa. Hessel denuncia que tanto la dignidad como la justicia están desapareciendo, pues se está tornando a una «sociedad de indocumentados, de expulsiones, de sospechas con respecto a la inmigración; (una sociedad) en la que se ponen en cuestión las pensiones, los logros de la Seguridad Social; (...) donde los medios de comunicación están en manos de los poderosos». Cree que es necesario tornar a los verdaderos principios y valores del Consejo Nacional de la Resistencia. Estoy seguro de que todas y cada una de las mujeres galardonadas con el Premio Nobel de la Paz son dignas herederas de aquellos principios y valores. Y también estoy seguro de la posibilidad de implicarnos en su modo de ser y de estar en el mundo.

3.1 El deber de resistencia o contra la obediencia

¿De qué principios y valores (quizás olvidados, quizás desconocidos) habla Hessel? Recordemos que, aun acabada la Segunda Guerra Mundial, el Consejo de la Resistencia decide no disolverse sino, bien al contrario, tome más fuerza si cabe para tratar de reconstruir, de la manera más humana, la vieja Europa, asolada entonces desde el punto de vista físico, moral y mental. Es entonces cuando se crea la Seguridad Social. De hecho, en su programa estaba la necesidad de crear «un plan completo de Seguridad social que aspire a asegurar los medios de subsistencia de todos los ciudadanos cuando estos sean incapaces de procurárselos mediante el trabajo», así como «una pensión que permita a los trabajadores y trabajadoras mayores tener una vida final digna».

Pero no acaba ahí la petición del Consejo de la Resistencia, sino que trata de hacer ver lo importante que sería que la energía, tan esencial para la vida, fuese nacionalizada, asegurando así que pudiese llegar a todos los hogares y mantenga la industria de cada país. La nacionalización de los bancos también entra en el programa. Efectivamente, el programa recomendaba «que la nación recuperara los grandes medios de producción, fruto del trabajo común, las fuentes de energía, los yacimientos, las compañías de seguros y los grandes bancos»... Un reto extraordinario por cumplir, pero que beneficiaría a toda la ciudadanía, evitando el 20–80, esto es, que el 80% de la riqueza del mundo esté en manos del 20% de la ciudadanía o, lo que es igual pero más crudamente visto, que el 80% de la ciudadanía mundial tenga que malvivir con solo el 20% de la riqueza mundial. Esta cifra es una constante del Banco Mundial, que cada año informa sobre la distribución de la riqueza (y, por ello, de la pobreza o, mejor, empobrecimiento) del mundo. Digo empobrecimiento porque es un estado al que se llega (o en el que se nace) como resultado de un proceso: la riqueza de unas pocas personas a base de explotación. Lo decía hasta San Juan Crisóstomo, hace casi incontables siglos.

Solo así se llegará al verdadero objetivo, que es el que mantendrá la humanización del mundo o, lo que es igual, el despliegue general de los derechos humanos: la democracia. Para el Consejo de Resistencia que, como vamos viendo, sería bueno resucitar, hay que lograr «la instauración de una verdadera democracia económica y social, que expulse a los grandes feudalismos económicos y financieros de la dirección de la economía», feudalismos que no solo existen todavía, sino que tienen más poder que entonces.

Vivimos en un mundo en el que el interés particular prima sobre el interés general, de modo que no existe ningún justo reparto de la riqueza creada por el trabajo, como hemos visto con los tozudos datos del Banco Mundial. La riqueza del trabajo debe primar sobre el poder del dinero. Por eso, recuerda Hessel, la Resistencia proponía «una organización racional de la economía que garantice la subordinación de los intereses particulares al interés general y que se deshaga de la dictadura profesional instaurada según el modelo de los Estados fascistas». Esta idea se ve muy claramente en la actualidad y forma parte de los objetivos de algunas premios Nobel que conoceremos a continuación, pues viven en estados totalitarios.

Otro de los temas que aborda el Consejo de Resistencia en 1945, pero que sigue siendo actualidad (veremos como alguna Premio Nobel es perseguida por su total apoyo y lucha en favor de la libertad de prensa en su país y en otros), es que toda verdadera democracia necesita una prensa independiente, esto es, que «la libertad de prensa, su honor y su independencia del estado, de los poderes del dinero y de las influencias extranjeras» es algo innegociable. En 1945 vienen de la experiencia de la propaganda de Joseph Goebbels o de la censura del franquismo en España, por poner dos ejemplos históricos suficientemente contrastados. Todavía hoy existen estas censuras en muchas situaciones, como muestran cada 3 de mayo, Día Mundial de la Libertad de Prensa, desde la UNESCO y diversas asociaciones de la prensa libre.

Por otro lado, algún lector o lectora puede creer resuelta ya la cuestión de la escolarización que exigía el Consejo de la Resistencia de 1945, cuando pedía la «posibilidad efectiva para todos los niños franceses de beneficiarse de la mejor instrucción posible», sin discriminación. No hemos alcanzado, ni de lejos, ese deseo. Ni en los países avanzados ni, por supuesto, en los que están en vías de desarrollo. La Premio Nobel Malala y otras galardonadas nos mostrarán algunas situaciones gravísimas.

¿Habrá motivos para la indignación? De haberlos, y parece que sí, la resistencia, la desobediencia y la rebeldía tienen hoy todo el sentido y todas las urgencias posibles.

El motivo de la resistencia es la indignación, sostiene acertadamente Hessel. Y proclama que «nosotros, veteranos de los movimientos de resistencia (...)

llamamos a las jóvenes generaciones a vivir y transmitir la herencia de la Resistencia y de sus ideales. Nosotros les decimos: tomad el relevo, ¡indignaos! Los responsables políticos, económicos e intelectuales, y el conjunto de la sociedad no deben dimitir ni dejarse impresionar por la actual dictadura de los mercados financieros que amenaza la paz y la democracia. Os deseo a todos, a cada uno de vosotros, que tengáis vuestro motivo de indignación. Es algo precioso»[7].

Cuando algo nos indigna, dice Hessel, «nos volvemos militantes, fuertes y comprometidos», como a él le hizo fuerte su indignación ante el nazismo. ¿Cuál es el motivo de tu indignación? Debes encontrarlo, porque lo hay, pero si no lo haces, ten por seguro que entonces seguirán avanzando la violencia, el empobrecimiento, la pérdida de derechos fundamentales, etc.

La indignación, entonces, es el motor de la acción partisana y, por ello, el antídoto contra su contraria: la indiferencia. Indiferencia nada inocente ni inocua, pues acaba haciéndonos cómplices del despliegue del mal, llámese este empobrecimiento, violencia, sexismo, aporofobia, etc. Ahora bien, ¿qué necesitamos para indignarnos? ¿Cómo alcanzar ese estado en que nos volvemos partisanos, participantes: «militantes, fuertes y comprometidos»? ¿Cómo hallar el «motivo de indignación»?

3.2 El valor de la filosofía

A mi modo de ver, necesitamos de la filosofía, mejor dicho, de una actitud filosófica. Esta actitud, que encuentro latente en Hessel y en cada una de las mujeres que van a ser nuestro referente de dignidad, resistencia y rebeldía, tiene cuatro valores que la sustentan:

En primer lugar, el valor de la vida en sí. Y el de la vida en singular, porque nuestra vida, la de cada cual, se nos es dada, pero no se nos es dada hecha, sino que es una tarea que tenemos que hacer. Dicho de otro modo, la vida es, desde cierta perspectiva –como decía José Ortega y Gasset– un problema que tenemos que resolver nosotras, cada una de nosotras. Esa tarea, que vista así es una misión vital, puede ser realizada desde valores universalizables o desde valores egoístas. La vida nos da quehacer. Y cada cual elige.

---

[7] Hessel. S., ¡Indignaos! Un alegato contra la indiferencia y a favor de la insurrección pacífica. (Destino, Barcelona, 2011, p. 4)

En segundo lugar, esa misma tarea de hacernos la vida, de proyectárnosla, está acechada por la estupidez. Por eso decía Gilles Deleuze que la filosofía sirve para 'entristecer': sirve para detestar la estupidez (hace de la estupidez una cosa vergonzosa) y también para denunciar la bajeza del pensamiento en todas sus formas. Visto desde otro ángulo, ahora con Max Horkheimer, sirve para «evitar la estafa» o, con Nietzsche, «perjudicar la necedad».

En tercer lugar, y como ya advertía, en ese proyecto de vida, que tiene que evitar la estupidez, es de más calidad humana tratar de ser un Sócrates insatisfecho (porque refleja autonomía y búsqueda de valores universales) que un cerdo satisfecho (egoísta), como señalaba John Stuart Mill; así pues, el valor de la ética y de los valores universalizables que podemos ver inscritos en la Declaración Universal de los Derechos Humanos.

Y, finalmente, cuando dejamos el sonambulismo en que solemos instalarnos (una muy limitada y ciega zona de confort) y somos conscientes de la vida, de la nuestra y la de los demás, puede que nos descubramos incluso perdidas, náufragas y alejadas del necesario descubrimiento de la otra persona vulnerable. Pero solo así podemos tener una vida auténtica y digna: seremos conscientes de no–saber, de no saber qué hacer y empezar la búsqueda del sentido de la existencia en la que el valor creativo o del dar (Viktor Frankl) es condición necesaria. En fin, como decía Ortega y Gasset: «O filosofía o sonambulismo». De ahí el valor final de la Filosofía.

3.3 Indignación y Derechos Humanos

Como vamos viendo, la indignación es una importancia y una urgencia a la vez, pues a través de ella, y entiendo que con ayuda de la Filosofía que salva del sonambulismo, quizás descubramos que tenemos una oportunidad más, la última. Se trata de la ocasión vital por la que podemos volver a «encontrarnos con esta corriente de la Historia (… que) nos conduce a más justicia y libertad; pero no a la libertad incontrolada de la zorra en el gallinero. Estos derechos, recogidos en 1948 en un programa de la Declaración Universal, son universales. Si conocéis a alguien que no los disfruta, compadecedlo, ayudadle a conseguirlos»[8].

Es verdad, dice Hessel, que las razones para indignarse pueden parecer hoy menos claras o el mundo demasiado complejo[9], pues en su época la

---

[8] Hessel, Ibíd., p. 5

lucha contra el fascismo, especialmente el nazismo, era suficientemente clara. Pero quizás observando la siguiente comparativa encuentres tu motivo de indignación. Son datos que tomé hace unos años de la revista *Iglesia Viva*.

Países empobrecidos	Países desarrollados
No tienen enseñanza básica. Necesitarían 6.000 millones de euros	Gasto en cosméticos (EE.UU.): 8.000 millones de euros
No tienen agua apta para el consumo y saneamiento. Necesitarían 9.000 millones de euros	Gasto en helados en Europa: 11.000 millones de euros
No existe salud reproductiva para mujeres. Necesitarían 12.000 millones de euros	Gasto en perfumes en Europa + EE.UU: 12.000 millones de euros
Logro de niveles de salud y nutrición básicos. Necesitarían 13.000 millones de euros	Gasto en alimentos para animales domésticos en Europa + EE.UU: 17.000 millones de euros

Países empobrecidos (datos generales)	Países desarrollados (datos generales)
Para lograr mínimos de: enseñanza básica, agua, saneamientos, salud reproductiva, nutrición y servicios de salud básica necesitarían 40.000 millones de euros	Gasto en cigarrillos (Europa): 50.000 millones de euros Gasto en bebidas alcohólicas (Europa): 105.000 millones de euros. Gasto militar (en el mundo): 780.000 millones de euros…

¿Algún motivo ya para indignarte?

Considera que, por ejemplo, mientras la enseñanza básica para todos los países vulnerables costaría unos 6.000 millones de euros, nos gastamos en cosméticos (datos de Estados Unidos) unos 8.000 millones de euros. Que todas tengan

---

[9] Hessel, Ibíd., p. 7

agua apta para el consumo y saneamiento requiere una inversión de 9.000 millones de euros; en Europa gastamos en helados 11.000 millones de euros. La salud reproductiva para todas las mujeres exige una inversión de 12.000 millones de euros, exactamente lo mismo que gastamos en perfumes en Europa y Estados Unidos. Lograr niveles salud y la nutrición básica normales para los países empobrecidos costaría unos 13.000 millones de euros; en alimentos para animales domésticos gastamos en Europa y en Estados Unidos 17.000 millones de euros… No es que los animales domésticos no se merezcan un buen trato, es que también el resto de personas empobrecidas lo merece. En fin, para lograr que los países empobrecidos tengan los mínimos de enseñanza básica, agua, saneamientos, salud reproductiva, nutrición y servicios de salud harían falta unos 40.000 millones de euros. Comparativamente, gastamos en cigarrillos (en Europa) 50.000 millones de euros; en bebidas alcohólicas 105.000 millones de euros. Y la estrella, el gasto militar en el mundo: 780.000 millones de euros…

En fin, dejamos esta impronta de datos y a Hessel, recordando dos ideas más que pueden servir de colofón a su petición (de hecho, la segunda de ellas es el final de su ensayo sobre la necesaria indignación).

La primera puede entenderse como un mensaje de esperanza: si «una minoría activa se levantara, eso bastaría. Tendríamos la levadura que haría crecer la masa»[10]; por tanto, que no nos sirva de excusa el hecho de que, al sospechar que somos pocas, no lograremos nada; que, al ser tu sola, no será posible avanzar en la Paz. No sirve, suena a sonambulismo, a zona de confort.

La segunda la hallamos en el capítulo final titulado «Por una insurrección pacífica». Hessel se despide con estas palabras: «A los hombres y mujeres que harán el siglo XXI les decimos con nuestra afección: CREAR ES RESISTIR, RESISTIR ES CREAR».

3.4 La Declaración de los Derechos Humanos: Preámbulo

Seguramente no lo habrás leído, y no es por ti. Realmente deben ser la escuela y el instituto los que se encarguen de que esta Declaración, especialmente su Preámbulo, sea leído, entendido e interiorizado por todas las personas. Pero no suele ser así. Precisamente por eso, aprovecho este espacio y tu interés para reproducirlo aquí y, también, para que te sirva de desafío personal y motivo de

---

[10] Hessel, Ibíd., p. 5

reflexión. El resto de la Declaración, que no incluyo ya, la podrás encontrar en la web de la ONU y en muchos otros sitios de fácil acceso.

Dice así:

Considerando que la libertad, la justicia y la paz en el mundo tienen por base el reconocimiento de la dignidad intrínseca y de los derechos iguales e inalienables de todos los miembros de la familia humana;

Considerando que el desconocimiento y el menosprecio de los derechos humanos han originado actos de barbarie ultrajantes para la conciencia de la humanidad, y que se ha proclamado, como la aspiración más elevada del hombre, el advenimiento de un mundo en que los seres humanos, liberados del temor y de la miseria, disfruten de la libertad de palabra y de la libertad de creencias;

Considerando esencial que los derechos humanos sean protegidos por un régimen de Derecho, a fin de que el hombre no se vea compelido al supremo recurso de la rebelión contra la tiranía y la opresión;

Considerando también esencial promover el desarrollo de relaciones amistosas entre las naciones;

Considerando que los pueblos de las Naciones Unidas han reafirmado en la Carta su fe en los derechos fundamentales del hombre, en la dignidad y el valor de la persona humana y en la igualdad de derechos de hombres y mujeres, y se han declarado resueltos a promover el progreso social y a elevar el nivel de vida dentro de un concepto más amplio de la libertad;

Considerando que los Estados Miembros se han comprometido a asegurar, en cooperación con la Organización de las Naciones Unidas, el respeto universal y efectivo a los derechos y libertades fundamentales del hombre, y

Considerando que una concepción común de estos derechos y libertades es de la mayor importancia para el pleno cumplimiento de dicho compromiso;

La Asamblea General,

Proclama la presente Declaración Universal de los Derechos Humanos como ideal común por el que todos los pueblos y naciones deben esforzarse, a fin de que tanto los individuos como las instituciones, inspirándose constantemente en ella, promuevan, mediante la enseñanza y la educación, el respeto a estos derechos y libertades, y aseguren, por medidas progresivas de carácter nacional e internacional, su reconocimiento y aplicación universales y efectivos, tanto entre los pueblos de los Estados Miembros como entre los de los territorios colocados bajo su jurisdicción.

Solo tres comentarios a tres expresiones del *Preámbulo* que me parecen esenciales, a saber:

La primera es la significativa referencia que hace, ya en el primer párrafo, a la «Familia Humana». Tras el nazismo, cabía recalcar que todas las personas somos iguales, aun en las diferencias étnicas, etc., esto es, que pertenecemos a la familia humana única. ¿Hará falta ahora también?

La segunda es la invitación a la «rebelión contra la tiranía y represión», que puede llevarse a cabo para luchar contra opciones políticas (dictadura política), económicas (dictadura del mercado), étnicas (dictaduras por aporofobia, racismo, etc.), sexistas (dictadura del machismo), etc. ¿Hay motivo para rebelarse hoy en día? ¿El 80–20 del Banco Mundial sería un motivo?

Finalmente, la necesidad de dar a conocer y a educar en los Derechos Humanos, asunto casi ausente y a todas luces carencial incluso en los países *desarrollados*: el Preámbulo llama a todos los países a que «promuevan, mediante la enseñanza y la educación, el respeto a estos derechos…». ¿Conoces alguna materia escolar en la que se enseñen los derechos humanos, no en un capítulo (como un tema menor, casi de pasada), sino con la extensión y profundidad que necesitan y merecen?

Precisamente la necesidad de dar a conocer y educar en los Derechos Humanos está a la base de la intención de los Premios Nobel de la Paz.

4. Los Nobel de la Paz como *distinción* a la rebelión, la desobediencia y la indignación

Nada humano queda fuera de polémica o de controversia. Tampoco los Premios Nobel de la Paz. Y así debe ser. Pero esto, lejos de ser negativo, significa que, a pesar de todo, todavía mantenemos un cierto espíritu crítico, aunque ese espíritu, todo hay que decirlo, en ocasiones se desvíe por el camino de los intereses particulares (económicos, ideológicos, etc.) y no por el de desvelar la verdad, que es para lo que sirve siempre la genuina actitud crítica.

Sea como fuere, y como decíamos, también los Nobel de la Paz han generado, alguna vez, polémica. Pero, para ser justos, creo que su espíritu y propósito son nobles pues su meta es mostrar a «la persona que más o mejor haya trabajado por la fraternidad entre las naciones», dejaba escrito Alfred Nobel en su testamento. ¿Por qué haría falta este tipo de galardón o, lo que es igual, mostrar a la persona que más o mejor ha trabajado por la fraternidad?

Cada inicio de curso hago a mi alumnado cuatro preguntas. De ellas, contestan acertadamente las tres primeras, pero nunca saben la respuesta a la última de ellas. Las preguntas en cuestión son: 1) Dime el nombre de un o una influencer. 2) ¿Quién ha ganado la Liga española de la primera división de fútbol? 3) ¿Conoces un programa de televisión llamado «La isla»? ¿Sabes de qué trata? 4) ¿Cómo se llama la persona que ha recibido el Nobel de la Paz este mismo año? ¿Y el de Medicina? ¿Conoces el motivo por el que ha sido merecedora de tal distinción? (Ni qué decir tiene que no pueden contestar afirmativamente a ninguna de estas tres últimas preguntas del apartado 4).

4.1 El testamento de Alfred Nobel

Hay un fragmento del testamento de Nobel que hace referencia al Premio por la Paz. Se trata del párrafo en que está explicando la distribución económica destinada a los premios. Dice así: «Dicho interés se dividirá en cinco partes iguales, que se repartirán de la siguiente manera: (...) una parte a la persona que más o mejor haya trabajado por la fraternidad entre las naciones, la abolición o reducción de los ejércitos permanentes y por la celebración y promoción de congresos de paz».

La paz fue el quinto y último ámbito de premios que A. Nobel mencionó en su testamento. Esto no significa que le restase importancia, más bien al contrario, pues el colofón a los esfuerzos científicos y literarios ha de fraguar también en un derecho y bien mayor: la Paz, una paz que no es solo ausencia de guerra, sino también desarrollo de los derechos humanos. Sea como fuere, A. Nobel –impulsado quizás por su relación con una de las primeras mujeres pacifistas e impulsora del movimiento por la paz, Bertha von Suttner– mostró un gran interés por las cuestiones sociales y se comprometió con el movimiento pacifista.

4.2 La dinámica de los Nobel

Considero que los Premios Nobel son los galardones más importantes que existen, precisamente porque su sentido e intención tiene que ver directamente con la mejora de la humanidad. En ese sentido, son premios de valor ético. En principio, y a diferencia de casi cualquier otro tipo de premio, no los mueve una cuestión económica (aunque el premio en metálico es cuantioso), sino humanista. Y, de entre los premios que no tienen un trasfondo comercial, son los más importantes. Digo esto no para restar importancia al resto de los premios (dígase los *Óscar* en cine, los *Grammy* en música, los Nadal en literatura, etc.), sino para mostrar la intención de los Nobel, cuyo fundador se encargó de señalar.

Sea como sea, no solo se suele desconocer quién o quiénes han recibido estos distinguidos galardones, sino el procedimiento mismo de elección, esto es, quién es nominada y por qué se es finalmente elegida. No hay razones comerciales ni ideológicas; en este sentido, se juega limpio. Es por eso que quiero aclarar muy brevemente la dinámica de los Premios Nobel de la Paz. Y lo hago a través de cuatro preguntas clave:

1. ¿Quién puede nominar o presentar una candidatura a Premio Nobel de la Paz?

Puede presentar una nominación o candidatura al Premio Nobel de la Paz cualquier persona que cumpla con una serie de requisitos claramente establecidos.

¿De qué criterios o requisitos se trata? Según los estatutos de la Fundación Nobel, una nominación al Premio Nobel de la Paz se considera válida si la presenta una persona que se encuentre dentro de una de las siguientes categorías:

1. Miembros de asambleas nacionales y gobiernos nacionales (miembros de gabinete/ministros) de Estados soberanos y Jefes de Estado actuales
2. Miembros de la Corte Internacional de Justicia de La Haya y de la Corte Permanente de Arbitraje de La Haya
3. Miembros del Instituto Internacional de Derechos
4. Miembros de la Junta Internacional de la Liga Internacional de Mujeres por la Paz y la Libertad
5. Los profesores universitarios, los profesores eméritos y los profesores asociados de Historia, Ciencias Sociales, Derecho, Filosofía, Teología y Religión; rectores y directores de universidades (o sus equivalentes); directores de institutos de investigación para la paz e institutos de política exterior
6. Personas que han sido galardonadas con el Premio Nobel de la Paz
7. Miembros de la junta directiva principal
8. Miembros actuales y anteriores del Comité Noruego del Nobel
9. Finalmente, exasesores del Comité Nobel Noruego

Hay, de hecho, un formulario de nominación en línea para enviar la nominación. Ahora bien, una misma persona, aunque cumpla con el criterio de nominador, no puede nominarse a sí misma.

2. ¿Cuántas candidaturas pueden darse? ¿Son públicas?

Suelen recibirse muchas. El Comité Noruego ha estimado que, en los últimos tiempos, han recibido una media de 200 nominaciones por año (siempre hablamos del Premio Nobel de la Paz). En realidad, se reciben más propuestas, pero no pocas de ellas coinciden en las mismas personas candidatas. Por ejemplo, para las nominaciones al Premio Nobel de la Paz 2024, cuyo plazo acabó el 31 de enero de 2024, el instituto Nobel Noruego ha registrado un total de 285 candidatos, de los cuales 196 son personas y 89 son organizaciones. Cada año varía el número de candidaturas. Como nota curiosa, diremos que el año que más candidaturas se postularon fue en 2016, con 376 candidatas. En 2023, se recibieron 351 nominaciones (259 personas y 92 organizaciones).

Desde el Instituto Nobel Noruego se tiene sumo cuidado en respetar a las personas e instituidores candidatas, de modo que ninguna resulte lesionada en su intimidad y protección de datos. De hecho, en los estatutos de la Fundación Nobel se señala que no podrán divulgarse las propuestas recibidas para la concesión de un premio, ni las investigaciones y opiniones relativas a la concesión de un premio. Sin embargo, el organismo que concede el premio puede, tras considerar debidamente cada caso individual, permitir el acceso al material que sirvió de base para la evaluación y la decisión relativa a uno de los premios, con fines de investigación en historia intelectual. Pero dicha autorización no podrá concederse hasta que hayan transcurrido al menos cincuenta años desde la fecha en que se adoptó la decisión en cuestión.

3. ¿Cómo es el proceso de nominación y de selección?

El Comité Noruego del Nobel (un organismo independiente de cinco miembros designado por el Parlamento noruego) es el responsable de la selección de los candidatos elegibles y de la elección final. El Premio Nobel de la Paz se entrega en Oslo (Noruega) y no en Estocolmo (Suecia), ciudad donde se entregan el resto de los Premios Nobel, esto es, los de Física, Química, Fisiología o Medicina, Literatura y el premio de Ciencias Económicas.

4. ¿Cuál es el itinerario cronológico hasta la nominación final?

Todo el proceso se inicia en septiembre, momento en que el Comité Noruego del Nobel se prepara para recibir las nominaciones. La fecha límite de presentación de las nominaciones es el 1 de febrero del mismo año.

A partir de ese momento, comienza una difícil tarea para el Comité durante los meses de febrero y marzo: evaluar el trabajo de las personas (o instituciones) candidatas y seleccionar una «lista corta» de ellas. La lista corta suele contener de veinte a treinta candidatas. Esa lista es examinada y valorada por las personas asesoras permanentes del Instituto Nobel. El grupo de personas asesoras está formada por el director/a del Instituto y el director/a de Investigación, además del cuerpo de asesoras, que generalmente son profesores/as universitarias noruegas con amplia experiencia en áreas temáticas relacionadas con la Paz. Este grupo dispone de unos dos meses para elaborar sus informes. Suele ser en abril cuando los remiten al Comité Noruego.

Esos informes llegan a manos del Comité del Nobel, que se embarca en un debate exhaustivo sobre las personas candidatas más probables. Suele suceder que se requiera más información sobre alguna de las candidaturas, cosa que se pide ya a expertos adicionales, a menudo extranjeros. Lo cierto es que desde marzo hasta agosto se trabaja en una revisión final para comprobar todos los informes y elegir a la persona candidata final, cosa que suele ser en octubre. En este mes, el Comité Nobel elige, en lo posible por unanimidad (si no es el caso, por mayoría simple de votos), qué persona, personas y/o institución serán galardonadas ese año.

Tomada la decisión, se informa a las personas (y, si es el caso, instituciones) ganadoras y se da la correspondiente publicidad. Será en el mes de diciembre, concretamente el día 10, cuando se celebra la ceremonia de entrega. El premio consta de una medalla, un diploma acreditativo y un documento que confirma el importe del premio.

Este premio no se puede revocar, esto es, una vez concedido, no hay recurso posible, según los estatutos de la Fundación Nobel, aunque es cierto que en alguna ocasión se ha pedido la retirada del premio a alguna persona. Esto es algo que desde el Comité se sigue de cerca, a veces con no poca preocupación, pero a su vez el Comité nunca comenta ningún aspecto de este tipo, ni tampoco lo que las galardonadas pueden decir y/o hacer después de habérseles concedido el premio. Desde el Comité del Nobel se insiste en que lo que hacen es evaluar el trabajo y los esfuerzos de las personas o instituciones candidatas lo más exhaustivamente posible. El resto ya es un asunto personal.

Para saber más, el lector o lectora puede acudir a la web de los Premios Nobel de la Paz (*https://www.nobelprize.org/questionsandanswersonthenobelpeaceprize*), que también aquí nos ha servido de principal fuente de información, al ser la web oficial.

PARTE II

Mujeres de Paz

1. El sentido de la paz

La paz se conceptúa de muchas maneras. La paz es, desde luego, ausencia de guerra o de violencias diversas, pero la paz es también, y en algún sentido principalmente, justicia, libertad, solidaridad, igualdad, diálogo, respeto y tolerancia, belleza, amor, amistad, nutrición, educación...; o lo que es igual, desarrollo de los derechos humanos.

Son muchas las pensadoras que han aportado sus ideas y argumentos en favor de la paz entendida de estas formas, pero quizás sea Johan Galtung quien con sus teorías sobre resolución de conflictos ha logrado asentar la idea generatriz que nuclea al resto, al hablar de paz negativa (como ausencia de guerra) y paz positiva (como desarrollo de las necesidades básicas).

1.1 Johan Galtung

Efectivamente, Galtung es considerado el padre de la investigación moderna sobre la paz y la resolución pacífica de conflictos. Su obra es un esfuerzo sistemático encaminado a proporcionar una fundamentación teórica para la investigación, educación y acción por la paz, como es el caso de una de sus obras principales, *Paz por medios pacíficos*.

Galtung distingue, en lo que se conoce como triángulo de la violencia, entre violencia directa, que es visible (física, verbal), la violencia estructural (estructuras que limitan o niegan las necesidades básicas humanas) y la cultural (conjunto de actitudes que legitiman la violencia), siendo estas dos últimas invisibles pero igualmente dañinas. De hecho, la violencia directa se alimenta de ellas, esto es, las raíces de la violencia directa están en las otras dos, con lo que abordar la paz implica ir a las raíces de la violencia: la represión, la explotación, el racismo, el sexismo, etc.

A los tres tipos de violencia Galtung los relaciona con dos tipos de paz: paz negativa y paz positiva. La paz negativa es la ausencia de conflicto, pero con ello no tenemos mucho avanzado porque significa fin de la guerra o violencia, pero no restauración de la verdadera paz. Dicho de otro modo, en el caso de guerra, con el «alto el fuego» solo comienza el auténtico camino para lograr la paz verdadera, que es la de la vida humana que tiene las necesidades básicas cubiertas y puede llegar a su máxima posibilidad o versión como persona, si lo desea.

1.2 Tres modos de violencia

1.2.1 La violencia directa

La violencia directa es concreta, visible, intencionada ya que alguien la ejerce y alguien o algo la sufre. Puede ser física, pero también psicológica, ecológica, etc. Esta violencia data de la noche de los tiempos y forma parte de la vida cotidiana de las personas, en relación con ellas, el resto de seres vivos y, en fin, el medio ambiente.

Decía que es visible, y es cierto, pero también tiene un grado de invisibilidad por ciertos traumas psicológicos que se ocultan, el sufrimiento, el odio, etc.

Podemos encontrar tres modos de violencia directa, a saber: la que atenta contra la naturaleza (biodiversidad); la que atenta contra las personas (violencia de todo tipo: verbal, sexual, física, etc.); y, finalmente, la que atenta contra la comunidad (guerra, terrorismo, etc.).

Otro aspecto que señala Galtung es que tenemos concepciones insuficientes o erradas con relación a la violencia directa, como es creer que es solo ausencia de paz o bien que el conflicto es algo en sí negativo. Este es, por lo demás, el motivo principal por el que percibimos la necesidad de la existencia de leyes y la exigencia de hacerlas cumplir. Otro error.

Finalmente, cabe señalar quizás lo más importante: que la violencia directa no es causa, es efecto, o, dicho de otro modo, no está en el origen sino que es consecuencia o manifestación de otros modos de violencia como son la estructural y la cultural.

1.2.2 La violencia estructural

Trabajar la violencia estructural es la clave para lograr la paz verdadera, puesto que hay que entenderla como el conjunto de estructuras (físicas y organizativas) que limitan o impiden la satisfacción de las necesidades de las personas (y el respeto al resto de los seres vivos y la naturaleza en general). Es, por ello, la más grave, al ser causa y origen de la violencia directa, que es la sentida. No es fácil ni de localizar ni, sobre todo, de neutralizar.

Al hablar de necesidades nos referimos tanto a las biológicas (nutrición, salud, etc.) como a las personales (libertad, igualdad, etc.). Esas necesidades se ven limitadas o truncadas como resultado de los elementos estructurales que provocan y, a su vez, se retroalimentan de las desigualdades sociales, económicas, étnicas, de género, etc. Como se ve, están en la base o estructura de las sociedades; en ese sentido, afectan de forma indirecta pero letal. Pongamos un ejemplo. Cuando a un pueblo o nación se le explotan sus recursos naturales por parte de otros grupos o países (colonialismo, invasión bélica, etc.), o cuando hay hambrunas debido al injusto comercio internacional, etc., es cuando podemos hablar de violencia estructural.

Este tipo de violencia se caracteriza, además, por ser anónima, aunque, a poco que se indague, se van encontrando nombres de personas, de multinacionales, etc. De hecho, no pocas de nuestras 19 protagonistas ha descubierto y sacado a la luz alguna de ellas, lo que les ha supuesto poner en serio peligro sus vidas.

1.2.3 La violencia cultural

Directamente ligada con la estructural, la cultural tiene la función de legitimar la violencia a través del arte, la religión, costumbres, lengua, etc. Es el tipo de violencia que se usa para legitimar y aprobar los totalitarismos ideológicos, económicos, de género, etc. Su modo de transmisión principal es la educación en sentido general (familia, escuela, religión). De hecho, la educación que recibimos está bañada de violencia cultural (androcentrismo, uso de la guerra para resolver conflictos, etc.). No pocas normas (de conducta, morales, religiosas, etc.) suelen usarse para consolidar este tipo de violencia.

1.3 Democracia y cultura de la paz

Como veremos a lo largo del itinerario vital y ético de cada una de las Premio Nobel de la Paz, uno de los elementos esenciales de su tarea ha sido vindicar, reivindicar o consolidar la democracia, dado que es el sistema político que conlleva un grado menor de violencia estructural y cultural.

Solo desde este sistema político, con sus límites y dificultades si se quiere, se puede generar una sólida cultura de la paz capaz de crear mecanismos y estrategias para resolver los inevitables conflictos humanos, a pequeña y a gran escala también.

2. Diecinueve mujeres de Paz

Desobediencia, empoderamiento, rebeldía, indignación, resistencia…, son palabras que definen la actitud de todas y cada una de nuestras protagonistas;

democracia, justicia, paz, no–violencia, derechos humanos…, son tareas a las que se consagran todas y cada una de ellas; alegría, vitalidad, esperanza, confianza…, son algunos de los sentimientos que nos transmiten, a pesar de los pesares, todas y cada una de las 19 mujeres de las que vamos a hablar, aunque también pasarán por persecución, exclusión, cárcel o arresto, violencia física y sexual, etc.

Es por ello que cuentan, y de manera extraordinaria, de entre las personas que pueden ser nuestros referentes para orientar nuestra vida hacia la indignación, esa conciencia que –como decía Hessel– es el motivo para trabajar por un mundo mejor, en cualquiera de los ámbitos en que exista la vulnerabilidad y, con ella, el sufrimiento.

En fin, he creído acertado aproximarme a cada una de ellas a través de un breve «itinerario vital» o biografía, con la intención de poder así interpretar mejor su «legado» y obtener el mejor de los jugos de su «discurso» o conferencia de aceptación del Nobel, para terminar invitando al lector o lectora a «indignarse». Es un esquema sencillo que no pretende más que darlas a conocer y, en lo posible, animar a la acción humanitaria en cualquiera de los ámbitos en que ellas la han desarrollado.

I/1905
Bertha Sophie Felicita von Suttner

Una mujer joven, de familia aristocrática, marcha a París huyendo de una realidad conservadora que le imponía el matrimonio de conveniencia (forzado) para salvar la economía familiar de una aristocracia venida a menos. Corre el año 1876. Su huida a la capital francesa responde a una posibilidad de trabajo que lee en un periódico: se busca secretaria culta y con conocimiento de idiomas. *Como domina el francés, no duda en presentar su candidatura. Lo curioso del caso es que quien buscaba una secretaria de ese perfil era A. Nobel. Y, aunque su trabajo duró pocos días, lo cierto es que trabaron una gran amistad que duró hasta la muerte de él, en 1896. La última vez que se vieron fue en una conferencia que ella dictó en Zúrich en 1892, pero se sabe que mantuvieron intercambio epistolar hasta el final. Precisamente de esa relación de amistad surgen los premios Nobel, entre ellos el de la Paz, que la secretaria ocasional logrará décadas después de aquella breve relación laboral pero larga amistad con el, a la postre, creador de tales premios.*

Se trata de Bertha Sophie Felicita von Suttner, de soltera Kinsky von Wchinitz und Tettau. Bertha nace el 9 de junio de 1843 en Praga y muere el 21 de junio de 1914 en Viena. Obtiene el Nobel de la Paz en 1905. Es la primera laureada en esta modalidad y la segunda mujer que obtiene un Premio Nobel (la primera es Marie Curie, en 1903, en Física).

1. Itinerario vital

Bertha es una mujer polifacética, pues es periodista, novelista y activista pacifista. Murió el 28 de julio de 1914, prácticamente a un mes de que estallase la I Guerra Mundial. Su actividad pacifista y su reconocimiento internacional se consolidó con su novela (de 1903) *Die Waffen nieder!* (¡Abajo las armas!). Se trata de una obra no solo pacifista sino feminista, esto es, una novela que aporta una perspectiva que, muy acertadamente, une indisolublemente pacifismo y feminismo; digo acertadamente porque a mi entender la paz será femenina (y feminista) o no será. Culta, domina varios idiomas y es una virtuosa del piano.

De familia noble (es hija póstuma del conde Franz Kinsky von Wchinitz und Tettau), se crió con su madre Sophie Guillermina, en un ambiente no solo aristocrático sino eminentemente militarista, pues procedía de familia de tradición militar, siendo su padre mariscal de campo del imperio austrohúngaro y consejero militar. Puede entenderse, entonces, que conociese el «impulso» militarista y, en lugar de seguir la tradición o callar, decidió tomar parte y romper con esa tradición militar apostando por el pacifismo.

Tras la muerte de su padre, aparecen las dificultades económicas. Nuestra protagonista no duda en comenzar a trabajar como institutriz en Viena. Corre el año 1873. Bertha tiene por entonces 30 años. Pero con su sueldo no llega para mantener los gastos de una familia aristocrática, por lo que, como parte de la salvación de la economía familiar, su madre ideó el matrimonio de ella con el barón Gustav Heine von Geldern, pero Bertha se negó y rompió el compromiso, lo que muestra su fortaleza y empoderamiento, pues en esa época (sumado a la situación familiar) no era tan fácil negarse. La situación creada hizo que fuera despedida. Es en ese momento cuando decide marcharse a París. Aquello lo cambió todo.

Acabada la breve aventura parisina, Bertha volvió a Viena y, ahora sí, se casó. Pero, rebelde como es, lo hace a su gusto y manera, en secreto, con Arthur Gundaccar von Suttner (un 12 de junio de 1876), hijo de su primer pretendiente, del que estaba enamorada desde los primeros tiempos en Viena. Por supuesto, en contra de la voluntad familiar. Fue una verdadera relación de amor, porque su matrimonio supuso que Arthur fuese desheredado, de modo que comenzaron su andadura con gran precariedad económica, viviendo de la escritura de novelas de entretenimiento o de las traducciones. De esta época son *Es Löwos* (una descripción poética de su vida de pareja) y su primera novela, *Inventario del alma* (1883), donde ya encontramos una reflexión sobre la paz, entendiendo que la sociedad lograría el progreso a través de ella. También Arthur, su marido, escribe. Lo hace sobre la guerra que acaba de estallar. Mientras tanto, ya en 1877, Bertha empieza su actividad como periodista bajo el seudónimo de B. Oulet y va centrándose en historias breves y ensayos.

Casi nueve años después, en 1885, hay una reconciliación familiar y ambos regresan a Austria, donde se dedican a la escritura, bien de novelas y ensayos, bien de artículos de periódico. Fue una época fructífera. El tema fundamental de los escritos de Bertha es ya la paz. En 1886 escribió el libro *High Life*, en el que abordó el respeto del ser humano y su libre albedrío. Gracias al filósofo E. Renan conoce la Asociación Internacional de Arbitraje y Paz (fundada por H. Pratt en 1880), que defendía el diálogo y la mediación frente al uso de las armas.

Además de la influencia de Renan y de Pratt, Bertha recibió la influencia de naturalistas como H. T. Buckle, H. Spencer y Ch. Darwin, quienes la determinan hacia un pacifismo ético que cree tanto en la capacidad ética del ser humano para lograr la paz a través del diálogo, como en la del progreso humano hacia una sociedad más justa y humana. Fruto de esta perspectiva, aparece su segunda novela, *Das Maschinenzeitalter (La era de las máquinas)*, de 1889, donde denuncia la deriva y consecuencias del nacionalismo exacerbado que ya se vivía en su época, y la carrera de armamento que se había iniciado y que acabaron desembocando en la Primera Guerra Mundial unos años después. Su muerte, un mes antes, la salvó de ver el terror de millones de muertes inútiles, precisamente por ambiciones nacionalistas y un armamento ya poderoso.

Ya en el año 1903 publica su novela esencial, siguiendo la línea pacifista iniciada, *Die Waffen nieder!*[11], libro que será un claro referente para el movimiento pacifista internacional. Un pacifismo feminista, como decía anteriormente, porque en ella se trata la guerra desde una perspectiva feminista a través de la que suscita numerosos debates sobre el militarismo, la guerra y la necesidad de paz[12].

En esta obra, la protagonista, Martha, no solo es una mujer pacifista sino que, a su vez y en absoluta coherencia, defiende los derechos de las mujeres. Porque Martha no solo sufre todos los horrores de la guerra (campañas bélicas de 1859, 1864, 1866 y 1870/1876), sino que se opone tanto a su padre como a que su hijo juegue con soldados y sea adoctrinado con las ideas masculinas de la guerra. El padre de Martha es la figura típica del hombre (machista) de la época y quita valor a la voluntad de Martha, precisamente por ser mujer. Pero su actitud es valiente. Ciertamente, a través de ella, Bertha muestra tanto la angustia de las mujeres (cuyos hijos, hermanos o maridos van a la guerra a morir o a quedar mutilados) como cuestiona una sociedad que da valor a las actitudes militaristas, como el coraje combativo y el orgullo de ser soldado.

En fin, lejos de aceptar el tópico de la época según el cual las mujeres no debían inmiscuirse en política, Bertha–Martha lo rechaza y anima a todas las mujeres a tomar partido por la paz y contra la guerra y la sociedad machista–belicista que les ha tocado vivir a tantas generaciones de mujeres.

Es por esta exposición como su *Die Waffen nieder!* la convierte en líder del movimiento por la paz. Desde ese momento, vuelca su empeño y su tiempo en la causa de la paz, a través de escritos, conferencias y congresos internacionales. Uno de esos empeños fue la creación de una "Sociedad de la Paz de Venecia"

---

[11] Tiene edición castellana, a cargo de Olga García. (Editorial Cátedra, Madrid, 2014)
[12] La novela fue llevada al cine en el fatídico año 1914, bajo el título *Ned Med Vaabnene*

(1890) *(Friedensgesellschaft Venedig)* y, junto con el marqués Benjamino Pandolfi, una serie de conferencias interparlamentarias de Paz.

Poco después, en 1891, fundó la Asociación Austríaca por la Paz, y un año después la revista internacional *Die Waffen nieder!*, aprovechando el nombre de su novela más conocida y la potencia de su título.

Ese mismo año de 1892, Bertha tiene otra idea que, a la postre, resultará no solo brillante sino decisiva, porque su intención es implicar a A. Nobel en su causa por la paz mundial. 1892 es un año en el que la actividad pacifista de Bertha es frenética y entusiasta, y sabe que la importancia y popularidad de su amigo puede ser una ayuda inestimable, así que le promete que le mantendrá informado de los avances de su trabajo. Poco a poco intentará convencerlo de su importancia y necesidad, cosa que logra. Precisamente la carta en la que le propone ponerle al día de la causa por la paz está considerada como el origen del Premio Nobel de la Paz, que ella misma recibiría unos años después. Así que el honor de Bertha es doble, pues no solo ganó un Nobel sino que su entusiasmo y amistad con A. Nobel propició este imprescindible galardón.

Efectivamente, A. Nobel muere en 1896, estableciendo en su testamento destinar una parte importante de su fortuna a un fondo para premiar a las personas destacadas de manera excepcional por su compromiso por la paz, y también por la ciencia y la literatura. Así pues, aquella carta que Bertha le escribe en 1893 dándole esta idea ha tenido y tiene largo recorrido para seguir avanzando en ciencia, en literatura y en la paz.

Bertha trabajará por la paz hasta el final de sus días, aun ya sin el apoyo de su marido, muerto en 1902. Su objetivo principal es hacer entender a los jefes de Estado de los distintos países europeos la necesidad de resolver los problemas políticos con el diálogo y otras acciones, y nunca con la guerra. No lo logró, pero sembró varias semillas para la paz perpetua, que quizás un día llegará de verdad.

Tuvo que esperar cuatro años, o lo que es igual, a que se entregara el galardón a cuatro hombres, para que se le concediera a ella, ya en 1905, y como reconocimiento a su actividad (periodística, literaria, activista) por su enorme y primigenia aportación a la defensa de la paz y de la Unión de Europa.

Tras el premio, siguió jugando un papel prominente en el Comité de amistad anglo–alemán formado en el Congreso de la Paz de 1905 para la reconciliación anglo–alemana. A su vez, advirtió sobre diversos peligros incipientes, como la militarización de China y el incremento del uso de la aviación con intenciones bélicas.

En 1910, aquellas conferencias interparlamentarias que organizaban ella y B. Pandolfi desde 1890, se consolidaron en lo que se conoció como Unión Interparlamentaria, cuyo papel en la búsqueda de la paz fue esencial.

Bertha murió, como decíamos, poco antes del estallido de la primera Gran Guerra, cuyos tambores sonaban en sus últimos días de vida y no pudo detener. Pero su esfuerzo no fue ni es baldío, a pesar de todo, porque, sin mujeres y hombres como ella, quizás las guerras hubiesen acabado ya con la humanidad. Estamos a tiempo de hacer valer su legado para que algo tan destructivo no suceda.

Como dato anecdótico, pero también cargado de simbolismo, el universo tiene un asteroide bautizado muy merecidamente con su nombre: el *12799 von Suttner*.

2. Legado

Motivo: por su audacia al oponerse a los horrores de la guerra.
Palabras clave: Paz, Alfred Nobel, feminismo, empoderamiento, optimismo, esperanza.

«Las estrellas de la verdad y el derecho eternos siempre han brillado en el firmamento del entendimiento humano. El proceso de bajarlos a la Tierra, remodelarlos en formas prácticas, imbuirlos de vitalidad y luego utilizarlos ha sido largo.

Una de las verdades eternas es que la felicidad se crea y se desarrolla en paz, y uno de los derechos eternos es el derecho del individuo a vivir. El más fuerte de todos los instintos, el de la autoconservación, es la afirmación de este derecho, afirmado y santificado por el antiguo mandamiento: No matarás.

No es necesario que señale cuán poco se respeta este derecho y este mandamiento en el estado actual de la civilización. Hasta el momento, la organización militar de nuestra sociedad ha sido fundada en la negación de la posibilidad de la paz, el desprecio por el valor de la vida humana y la aceptación del impulso de matar».

(Bertha von Suttner, Discurso de aceptación del Premio Nobel de la Paz, 1905)

3. Claves del discurso[13]

Bertha pronunció su conferencia en la Sala de Conciertos *Half Brothers*, ante un numeroso público. Era un 19 de abril de 1906. En la fotografía tomada ese día se la ve vestida de riguroso negro. Dice la prensa que leyó su discurso con voz ronca, quizás por la emoción, y que habló de forma concisa, seria, incluso seca y recia, sin gestos. Pero dijo algunas verdades que impactaron al público. Cabe recordar, por lo demás, que era la primera mujer en recibir el galardón.

Siendo amiga y habiendo ella misma ayudado a crear el Premio Nobel, viene de suyo que recuerde al mentor. De hecho, lo hace recordando unas palabras suyas dichas en 1892 en Berna (donde se celebraba un congreso por la paz), y que, a la postre, serían clave: «Si me mantienen informado sobre los acontecimientos y me entero de que el Movimiento por la Paz avanza por el camino de la actividad práctica, lo ayudaré con dinero». Reconoce Bertha a A. Nobel como un «eminente escandinavo» a quien, además, debe «esta oportunidad de comparecer hoy ante ustedes, señoras y señores».

Bertha es una persona optimista. Cree que, iniciados los procesos de paz, solo se necesita tiempo para que esta se consolide y desaparezca la guerra como opción. De hecho, en el discurso muestra la convicción «de que es posible, que es necesario y que sería una bendición tener una paz judicial asegurada entre las naciones ya (que) está profundamente arraigada en todos los estratos sociales, incluso en aquellos que ostentan el poder». Aunque compleja, era cierto que la estrategia estaba ya consolidándose y que era cuestión de tiempo que tuviese sus frutos, pero el alcance de esta propuesta era más limitado de lo que Bertha creía. Quizás, con su forma optimista de pensar, más bien nos diría que su alcance no es limitado, pero que falta más tiempo, todavía hoy, para que la idea acabe de madurar y fraguar definitivamente en todos y cada uno de los Estados.

Destaca Bertha, en honor al país promotor de los Premio Nobel de la Paz, que fue un primer ministro noruego el primero en asumir los ideales del Movimiento por la Paz, cuando todavía no había ni un solo ministro que les

---

[13] Como ya he señalado anteriormente, los textos completos de los discursos de aceptación de los Nobel de la Paz están disponibles en la web oficial de los Premios Nobel. Si el lector o lectora quiere acceder a ellos para leerlos de forma completa, pues aquí solo destaco algunas de las ideas, puede buscar en <https://www.nobelprize.o/prizes/peace/, completando con el año y el nombre de la premiada.

concediera la menor importancia. Efectivamente, Steen (Johannes Wilhelm Christian Steen) fue el primer estadista en el cargo que se comprometió oficialmente a celebrar una conferencia interparlamentaria (fue, por cierto, miembro del Comité Nobel Noruego entre 1897 y 1904).

Bertha invita a los oyentes a plantearse si, tal como están los acontecimientos recientes, «estamos justificados al reclamar por el pacifismo un desarrollo progresivo y resultados positivos». Tenemos detrás toda una historia de guerras, y también en aquel momento se había desatado, en el Lejano Oriente, una «guerra terrible, sin precedentes en la historia del mundo». Se refiere a la guerra ruso–japonesa (1904–1905), a la que le siguió una revolución provocada por el descontento con la autocracia zarista (tras perder la guerra, se desataron una serie de huelgas, insurrecciones y asesinatos, etc.). Esa atmósfera violenta todavía era fuerte en el momento del discurso de Bertha.

A su vez, nuestra protagonista constata que en Europa Central y Occidental existe un clima de tensión que hace que impere la desconfianza, las amenazas, «ruido de sables», hostigamiento de la prensa y, lo que es un indicador peor, el rearme. Así, en Inglaterra, Alemania y Francia se estaba fraguando un clima de complot, incluso fomentado por la literatura. El mundo se prepara para la guerra (aunque nadie lo sabía a ciencia cierta, pero la realidad es que menos de diez años después estallaba la devastadora Primera Guerra Mundial).

Y de ahí una denuncia y una pregunta de Bertha a todo el mundo. La denuncia, que sonroja tanto antes como ahora, es la que sigue: «Se construyen fortalezas, se construyen submarinos, se minan zonas enteras, se prueban dirigibles para su uso en la guerra; y todo esto con tanto celo, como si atacar al prójimo fuera la función más inevitable e importante de un Estado». Y ahora su pregunta. Frente a todo esto, ¿puede la gente seguir sosteniendo que el movimiento por la paz está progresando? Caigamos en la cuenta de la valentía de la pregunta y, también, de su actualidad, porque seguimos preparando la guerra; parece que ha triunfado aquel nefasto lema de que si quieres la paz, prepara la guerra…, el gasto militar actual lo corrobora. ¿Será este un motivo de indignación de los que S. Hessel nos invitaba a buscar?

Aceptado lo obvio, Bertha no deja de señalar que también encuentra el lado positivo de la situación cuando invita a «buscar el nuevo crecimiento que surge desde abajo», refiriéndose a la opción pacifista.

Usando la dialéctica como modo de afrontar la realidad, destaca que hay «dos filosofías, dos eras de civilización (que) están luchando entre sí»: una vieja que debe caer y una nueva que tiene fortaleza, que «ya no es débil ni informe». No se está refiriendo al Movimiento por la Paz, que entiende más como «un síntoma que una causa del cambio real», porque esta filosofía nueva, este cambio real es, sobre todo, «un proceso de internacionalización y unificación» que recorre todo el mundo. Un proceso que viene avalado y, a su vez, empujado, por una serie de factores como son los inventos técnicos, la mejora de las comunicaciones, la interdependencia económica y las relaciones internacionales más estrechas. Bertha va intuyendo la globalización. Y cree firmemente en el «instinto de conservación en la sociedad humana», que, a su modo de ver, «se rebela contra los métodos de aniquilación constantemente perfeccionados y contra la destrucción de la humanidad». Seguramente acierta a largo plazo, pero a corto la primera y la segunda guerras mundiales rebajan su pensamiento tan optimista.

En esa misma línea esperanzada, Bertha va repasando países y políticos comprometidos con la paz, con el desarme, en un mundo que parece remar en dirección contraria. Su último apunte es para Estados Unidos y Roosevelt, recordando del presidente de los EE.UU. dos mensajes. En el primero de ellos, Roosevelt ofrece tratados de arbitraje a todos los países, sosteniendo ante el Congreso (el 5 de diciembre de 1905) que «sigue siendo nuestro claro deber esforzarnos por todos los medios posibles para acercarnos al momento en que la espada no sea el árbitro entre las naciones». En el segundo mensaje que Bertha señala (en este caso, en conversación personal en la Casa Blanca el 17 de octubre de 1904), Roosevelt le dice que intuye que «la paz mundial está llegando, paso a paso, pero está llegando». No podían estar más equivocados, por lo que hemos comprobado.

En lo que sí acierta Bertha es al plantear, ya al final de su discurso, que la «cuestión de si la violencia o la ley prevalecerán entre los Estados es el más vital de los problemas de nuestra agitada era, y el más grave en sus repercusiones. Los resultados beneficiosos de una paz mundial segura son casi inconcebibles, pero aún más inconcebibles son las consecuencias de la amenazante guerra mundial que muchas personas descarriadas están dispuestas a precipitar». Esa guerra mundial ocurrió dos veces, menos de 10 años después de leer su discurso y, entre ellas, transcurrieron apenas 20 años. Dos devastaciones para medio aprender una lección sencilla sobre la paz.

4. ¡Indignaos!

Para pararse a pensar

Ubicada en el centro histórico de Berlín, en un extremo del bulevar *Unter den Linden*, encontramos la *Neue Wache* (Nueva Guardia), un monumento recordatorio a las «víctimas de la guerra y de dictaduras». Dentro de ella, ubicada de forma expresa para que quede a la intemperie, hallamos esta estatua, conocida como «Madre con hijo muerto» (de Käthe Kollwitz), también conocida como la *Pietà Kollwitz*. Si te fijas, está a merced de la intemperie, expuesta a la lluvia, al sol, a la nieve y a cualquier inclemencia… con lo que se pretende simbolizar el sufrimiento de los berlineses y berlinesas durante la Segunda Guerra Mundial y, por extensión, a cualquier madre que sufre por la violencia a la que son llevados sus hijos e hijas. Esta *Pietà* bien podría representar a la Martha de Bertha.

Para indignarse

¿Quiénes van a la guerra? Quiero decir, ¿quién está en el campo de batalla o en la ciudad donde caen las bombas, y quién en un búnker suficientemente protegido (de las bombas, de las balas, del hambre, la sed y las enfermedades sin medicamento)?

II/1931
Jane Adams

Una niña estadounidense, temprana huérfana de madre, será criada por sus hermanas mayores, pero especialmente por los libros. Primero será Charles Dickens, más tarde Leon Tolstoi, Mazzini y J.S. Mill, quienes no solo la salvarán de la soledad y de la depresión, sino que estimularán su sensibilidad en la búsqueda de la justicia social. Pero será el descubrimiento de la Toynbee Hall en Londres lo que impulsará definitivamente su vocación social adquirida a través de las lecturas, quizás especialmente de la de Dickens y Mill, y quedará fascinada por lo que una especie de «hogar o comunidad de acogida» puede dar de sí...

Esa niña es Jane Adams, quien nace en Cedarville (Illinois), el 6 de septiembre de 1860 y muere el 21 de mayo de 1935 en Chicago.

1. Itinerario vital

Jane fue una mujer culta y muy implicada en la mejora de la humanidad. Trabajadora social, feminista, activista del Movimiento *Settlement*, así como socióloga, escritora y, por supuesto, pacifista. Se la ha reconocido como una importante impulsora en la historia del Trabajo Social, así como una líder esencial del movimiento de sufragistas en Estados Unidos. Fue pionera en varios ámbitos, y comienza a ser reconocida a partir de 1910, año en que le es concedido el Máster Honorífico por la Universidad de Yale, convirtiéndose en la primera mujer en recibir un grado honorífico de esa institución. Ese mismo año funda la *American Civil Liberties Union* o ACLU.

El Nobel de la Paz le llegará 21 años más tarde, siendo la primer mujer norteamericana galardonada con este premio y, como sabemos, la segunda mujer galardonada, tras Bertha von Suttner, 26 años después. Por entonces ya era reconocida como la primera mujer filósofa de relevancia en EE.UU y la figura feminista más conocida de su país.

No lo tuvo fácil. Era la menor de ocho hermanos, de los que cuatro murieron antes de que ella cumpliera los 8 años. También murió su madre cuando tenía dos. Hay que añadir, para mayor desgracia, que contrajo tuberculosis vertebral (enfermedad de Pott), lo que le provocó una cojera para el resto de su vida, un estigma que la hizo sufrir mucho durante su niñez y adolescencia. Así que su infancia fue dura, aun viviendo en una familia acomodada. La criaron sus hermanas mayores, aunque ella cuenta en su memorias que fue la calle la que la educó, además de sus lecturas, pues tenía gran afición por los libros y era una lectora voraz.

De esa pasión lectora nace su vocación de servicio y su sentido de la justicia. Seguramente la lectura de Charles Dickens tuvo bastante que ver, porque también se interesó mucho por las personas pobres, quizás siguiendo también el ejemplo de su padre. A ello hay que añadir la muerte de su madre, de sus hermanos y su propia enfermedad. Estas últimas situaciones la llevaron, muy probablemente, a su decisión de estudiar Medicina. Sea como fuere, ya durante su niñez evidenció que quería hacer algo valioso en el mundo.

Su padre, republicano y comprometido políticamente, la alentaba a seguir la educación superior. Nuestra protagonista lo deseaba con todas sus fuerzas y pretendía entrar en la nueva universidad para mujeres, el Smith College (Massachusetts), pero no pudo hacerlo porque una de las exigencias de su padre era tenerla cerca de casa, así que tuvo que conformarse con matricularse en el Seminario Femenino de Rockford (ahora Universidad de Rockford), en su Illinois natal.

Acabada allí su formación, en 1881, creyó que tenía edad suficiente para poder asistir al Smith College y graduarse en Medicina. Ese mismo verano murió su padre. Al ser rico, el dinero heredado permitió a Jane (también al resto de la familia) la posibilidad de seguir estudiando. Para ello, la familia se trasladó a Filadelfia. Jane, y también su hermana Alice, iniciaron la carrera de Medicina en la Women's Medical College of Philadelphia, pero Jane no pudo seguir porque su salud empeoró. Una tribulación más en su vida.

Aconsejada por su cuñado Harry, cirujano, renunció a sus estudios y se dedicó a descansar y a viajar. Así que, en agosto de 1883, inicia un viaje de dos años por Europa en compañía de su madrastra. Un viaje revelador, porque a la vista de todo lo que iba conociendo entendió que no necesitaba ser médica para poder ayudar a los pobres. Pero aquel largo viaje también tuvo su efecto negativo pues, a su regreso, Jane quedó hundida en la depresión. Un sentimiento de inseguridad y de inutilidad la atenazaron durante tiempo, sintiéndose totalmente incómoda con la vida convencional que llevaba. En realidad, el tipo de vida que solía hacer una joven rica como ella, heredera de una considerable fortuna. Pero se sentía vacía y espiritualmente pobre.

Serán de nuevo los libros los que la sacarán de su estado depresivo y harán resurgir en ella el compromiso por la justicia. La lectura de *Mi religión*, de L. Tolstoi, la llevó a bautizarse; la de G. Mazzini, *Los Derechos del Hombre*, le abrió a la idea de lograr una verdadera democracia como un ideal social y, finalmente, *La esclavitud de las mujeres*, de J. S. Mill, le hará replantear tanto el rol de las mujeres como el suyo propio y cuestionar los prejuicios y presiones que recaen sobre las mujeres para llevar una vida convencional: casarse, tener hijos, dedicar su vida al hogar.

Aquellas lecturas reflotaron su sueño de ayudar a las personas vulnerables. Todavía no sabía cómo, pero la intención bullía en su interior. Todo tomó su rumbo cuando en el verano de 1887 cayó en sus manos una revista en que se contaba en qué consistía una casa de asentamiento. Aquella idea le pareció que encajaba con su sueño solidario y decidió conocer la primera de ellas, la Toynbee Hall en Londres. Le contó su proyecto a su amiga Ellen Gates Starr, a quien le entusiasmó la idea y decidió unirse al proyecto. Así que ambas acabarían fundando la primera casa de asentamiento de EE.UU., a imitación de Toynbee Hall. En Toynbee Hall descubrieron la maravilla casi inimaginable de encontrar un espacio en donde se rompían las fronteras de clase social y donde se establecían reciprocidades desde el punto de vista cultural y educativo. Era un centro comunitario de cultura y de servicios sociales, un lugar, en fin, de cooperación donde era posible la acción colectiva de personas de diversa procedencia. Una estructura social que bien podía aplicarse a todo un país, pensó Jane. Ese impacto y esa traslación desde un hogar hasta la sociedad la siguió teniendo presente durante toda su vida, y a ello se aplicó. En fin, así nació Hull House, un viejo caserón construido por Charles Hull y situado en la esquina de las calles Halsted y Polk, en un barrio desfavorecido de Chicago. Esta mansión fue reformada, en parte con el dinero de Jane, pero pronto por las donaciones porque la presentación de la idea tuvo una buena acogida en su entorno. Este fue, sin duda, uno de los grandes aciertos de Jane quien, junto con su amiga Starr, trataron de mejorar las condiciones en los distritos industriales de aquella ciudad.

¿Qué se hacía en Hull House? Su labor principal fue la de hacer públicas, a través de distintos medios y discursos, las necesidades del vecindario: recaudaron dinero, convencieron a mujeres jóvenes de familias acomodadas para que ayudaran, cuidaron a los niños, cuidaron a los enfermos y escucharon las declaraciones de la gente con problemas. Su impacto social fue enorme, pues en su segundo año de existencia acogía ya a más de dos mil personas cada semana.

Hull House funcionaba como un espacio multicultural, multisocial, donde se investigaba y se trabajaba en favor de la integración social y de los empobrecidos. Pero era algo más porque, aparte de la investigación y el debate, era un sitio para vivir y establecer buenas relaciones con el vecindario. Y es que uno de sus objetivos era el de poner en contacto a los jóvenes educados y privilegiados con la vida real de la mayoría de las personas que no gozaban de su situación académica o económica. Hay constancia de que los residentes de Hull House investigan sobre los más diversos temas de interés social, cultural y sanitario: dificultades sobre vivienda, obstetricia, tuberculosis, recolección de basuras, cocaína y absentismo escolar.

Poco a poco Hull House fue creciendo. A partir de cierto momento, esta incluía una escuela nocturna para adultos, clubes para los niños mayores, una cocina pública, una galería de arte, un gimnasio, un club de chicas, una casa de baños, una encuadernadora de libros, una escuela de música, un grupo de teatro, apartamentos, una biblioteca, salas de reunión, una oficina de empleo y un comedor. También ofrecía servicios sociales y eventos culturales para la población mayoritariamente inmigrante del vecindario y proporcionaba a las jóvenes trabajadoras sociales la oportunidad de adquirir práctica.

Se dice que la escuela es como una fábrica, esto es, que fabrica alumnado según las necesidades de la industria. Hull House, en cambio, tenía un programa de arte que permitió a Jane desafiar el sistema de educación industrializado y «bancario» (P. Freire).

Por último, cabe decir que las principales residentes de Hull House eran mujeres unidas por su compromiso con los sindicatos laborales, la Liga Nacional de Consumidores y el Movimiento Sufragista. De hecho, Jane trabajó ya con «perspectiva de género» al mirar el mundo desde una posición específica y diferenciada de las mujeres. Su compromiso fue tanto teórico como práctico con el ideal de construir una sociedad más justa entre hombres y mujeres. Sin duda, un antecedente de lo que hoy conocemos como feminismo de la diferencia.

En fin, con el tiempo y el compromiso, Jane fundó y potenció otros proyectos e instituciones sociales, avanzó en estudios sociológicos, escribió y recibió varios premios, entre ellos el de la Paz por su compromiso social.

2. Legado

Motivo: por su asiduo esfuerzo por revivir el ideal de la paz y reavivar el espíritu de paz en su propia nación y en toda la humanidad.

Palabras clave. Aunque no hizo ningún discurso, en su tarea humanitaria podemos destacar palabras como *settlement* (casa de asentamiento), pobreza, comunidad, asistencia y educación sociales, enfermedad y lectura.

3. Claves del discurso

Inusualmente, Jane no pronunció ningún discurso en la concesión del Nobel de la Paz, por lo que lo sustituyó por algunas de las aportaciones biográficas y de pensamientos que la Academia de Noruega tuvo en cuenta para la concesión del Nobel a nuestra protagonista. Algunas de esas ideas o detalles biográficos ya los conocemos, pero hay algunos aspectos nuevos o matices de los anteriores que completan el perfil de Jane y de su legado.

Aparte de ayudar a las personas pobres y acabar con la utilización de niños como mano de obra industrial, cosa que impulsó desde *Hull House*, Jane fundó la Liga Internacional de Mujeres por la Paz y la Libertad en 1919 y trabajó duramente para conseguir que las grandes potencias se desarmaran y firmaran acuerdos de paz.

Durante la Primera Guerra Mundial, trató de que el presidente estadounidense Woodrow Wilson mediara por la paz entre los países beligerantes. Y cuando Estados Unidos entró en la guerra se opuso, por lo que fue señalada como radical peligrosa y por poner en peligro la seguridad de Estados Unidos. Lejos de amilanarse por estas acusaciones, Jane criticó el tratado de paz que se impuso a Alemania en 1919. Adivinaba que con ese mal acuerdo se provocaba una segunda guerra. Nadie le hizo caso. Y llegó la Segunda Guerra Mundial que, como sabemos, fue más devastadora todavía que la primera.

Aparte de su labor de justicia social y por la paz, también fue una enérgica feminista. Hay que recordar que vivimos tiempos inmediatamente anteriores al sufragio femenino. Jane sabía que la igualdad debía comenzar porque las mujeres pudiesen hacer oír su voz en la legislación y eso solo sería posible mediante el derecho al voto. Pero no solo era el voto, sino que había que ir más allá, pues las mujeres debían generar aspiraciones y buscar oportunidades para realizarlas. Ella misma fue un ejemplo de esto último, cosa que muestra cómo generó su propia aspiración de lograr la paz en el mundo, creando las oportunidades o aprovechando las que se le ofrecieron para lograrlo, como el curso que impartió en el verano 1906, en Wisconsin. En ese empeño, logró publicar un libro, *Newer Ideals of Peace*, que recopilaba sus clases en ese verano.

Otra muestra de su empoderamiento fue su pública oposición, como hemos señalado, a la entrada de Estados Unidos en la Primera Guerra Mundial. Por ese motivo fue atacada en la prensa y expulsada de las Hijas de la Revolución Americana. Oponerse a la guerra no significó, en cambio, dejar de ayudar en las condiciones de vida de las víctimas, cosa que pudo hacer como asistente de Herbert Hoover en el suministro de alimentos de socorro a las mujeres e hijos de las naciones enemigas. Esta episodio lo contó en su libro *Paz y pan en tiempos de guerra* (1922).

Sufrió un ataque cardíaco en 1926, del que no se recuperó nunca completamente. De hecho, el 10 de diciembre de 1931, en que se le entregaba el Premio Nobel de la Paz en Oslo, estaba ingresada en un hospital de Baltimore.

Una última lección de Jane muestra el contraste de su vigor y su valor para la protesta enérgica hasta sus últimos días con el defecto congénito de la columna que la mermó físicamente durante toda su vida y el infarto del final de la misma.

4. ¡Indignaos!
Para pararse a pensar

Algo relativamente parecido a las *settlement* son las casas de acogida. Hay varias asociaciones que las ofrecen. A título de ejemplo puedo indicar la Fundación de Solidaridad Amaranta, que es una organización privada sin ánimo de lucro de naturaleza fundacional creada por las religiosas adoratrices para cohesionar su acción social en 2006.

Como ellas mismas informan, disponen de una red de viviendas seguras y protegidas para mujeres solas o con hijos/as, que bien carecen de recursos de alojamiento propio, o precisan una alternativa habitacional para iniciar un proceso de recuperación personal y de incorporación social. Mujeres en situaciones de trata de seres humanos y otras formas de explotación con contenido de género, situaciones de explotación sexual, situaciones de vulnerabilidad en contextos de prostitución y mujeres víctimas de violencia doméstica o de género.

Para ello, se atiende tanto a las necesidades asistenciales básicas como al apoyo y acompañamiento del proceso de recuperación individual y la incorporación desde un enfoque capacitador que favorezca la autonomía y emancipación de las mujeres.

Esta red de viviendas permite una configuración global de la acogida residencial que ofrece la entidad, a través de un trabajo conjunto y colaborativo entre los diferentes territorios, que contribuye a sostener nuevos modelos de abordaje, acordes a realidades complejas y siempre cambiantes.

Para indignarse

Hay otras casas de acogida que suenan a terribles. No son en absoluto *settlement*. Se trata de los CIE o Centros de Internamiento de Extranjeros.

Interior de un CIE de la Comunidad Valenciana.
(Luis J. Sánchez. 14 de junio de 2018. *Confilegal*).

III/1946
Emily Greene Balch

Una mujer de mediana edad, de carácter enérgico y muy trabajadora, gran intelectual, acaba de regresar de lo que podríamos llamar ya una misión de paz en Europa, aunque con el amargo sabor del fracaso en su corazón. Para poder seguir su tarea pacifista, ha solicitado una extensión de su licencia de la facultad de Wellesley College, donde ejercía como profesora. Pero le ha sido denegada. Peor todavía. El papel que sostiene en sus manos le aclara que los fideicomisarios han hecho algo más que denegarle el permiso, así que allí le informan de que han decidido rescindir su contrato. Sabe el motivo por el cual le retiran la posibilidad de seguir como profesora, que no tiene que ver con su falta de preparación, tampoco con la opinión de su alumnado, que sabe que la aprecia y le impacta su modo de enseñar; no es eso, se trata de que nada más regresar ha hecho pública su postura contra la participación de su país, los EE.UU. en el conflicto bélico que asola Europa; de hecho, se ha sumado a la compaña en contra de esta ya inminente entrada en guerra. Y eso la ha hecho sospechosa de todo y sin derecho a nada...

Se trata de Emily Greene Balch, nacida en Boston el 8 de enero de 1867 y fallecida el 9 de enero de 1961. Había obtenido el Premio Nobel de la Paz en 1946.

1. Itinerario vital

El hecho de nacer en una familia acomodada le posibilitó estudiar y ser una de las primeras mujeres graduadas del Bryn Mawr College, en 1889. De hecho, utilizó una beca europea otorgada por Bryn Mawr para estudiar economía en París en 1890–1891 con Émile Levasseur y, además, lo aprovechó para escribir el libro *Public Assistance of the Poor in France*, publicado en 1893, escrito que ya señalaba la sensibilidad de nuestra protagonista.

Estudió Sociología y Economía, llegando a ser profesora en el Wellesley College en el año 1913. De hecho, era considerada una excelente profesora. Son muchos los alumnos y alumnas que testimonian que les impresionaba, tanto por la claridad de su pensamiento y la amplitud de su experiencia como por su compasión por los desfavorecidos. Les transmitió la necesidad de ser críticos, de formularse siempre juicios independientes, cosa que solo podrían lograr si combinaban la investigación personal *in situ* con su investigación en la biblioteca. Pero, a pesar de esta calidad docente, sus actividades pacifistas la apartaron de esta institución universitaria. Sus delitos para ser expulsada de la universidad fueron, concretamente, su participación en la fundación de la Liga Internacional de Mujeres para la Paz y la Libertad, haciendo campaña contra la entrada de EE.UU. en la Gran Guerra. Tampoco sus otras actividades, como la participación en movimientos por el sufragio femenino, por la justicia étnica, por el control del trabajo infantil, por mejores salarios y condiciones de trabajo...; quizás también alentar el espíritu crítico de su alumnado.

Finalizada así su relación universitaria, pasó a ser editora de una revista liberal de gran tirada, *The Nation*.

Con el paso de los años, sus conocimientos le llevaron a ser académica estadounidense, además de ser reconocida como gran escritora, sindicalista y pacifista. Recibió el Premio Nobel de la Paz en 1946, esto es, 15 años después de su predecesora, Jane Addams.

Así pues, es galardonada recién terminada la Segunda Guerra Mundial. Aunque, como también le sucedió a Jane Addams, Emily tampoco recibió ninguna felicitación del gobierno estadounidense, su país, porque era considerada una radical peligrosa. Curioso. O no tanto, pues las personas que toman sus propias decisiones suelen ser tachadas de desobedientes. Si esta desobediencia está en consonancia con los derechos humanos, la damos por buena (éticamente hablando) pero no lo hacen los gobiernos, que creen tambalearse por una voz discordante, crítica. Así que nuestra protagonista llega a la recepción del Premio Nobel de la Paz de 1946 sola, institucionalmente hablando. Compartió el galardón con John Raleigh Mott.

Aparte de su quehacer pacifista, su condición de socióloga comprometida la llevó a indagar las condiciones de vida de los trabajadores, los inmigrantes, las minorías y las mujeres. Eso también era un peligro, y más en los años 40 del siglo XX. Peor lo ponemos si los resultados de sus investigaciones la llevan, por coherencia, a alinearse con más fuerza si cabe con el socialismo (cosa que ya hizo en 1906) en un momento de «caza de brujas». Por lo demás, y entre muchas otras cosas, fue fundadora de la Liga Internacional de Mujeres por la Paz y la Libertad durante la Primera Guerra Mundial y posteriormente presidenta honoraria.

Cabe decir que tuvo una gran maestra y conocida nuestra, Jane Addams. De hecho, estuvo con ella tratando de lograr una paz que se presumía imposible durante la Primera Guerra Mundial y, más adelante, pidiendo que los Estados Unidos no entraran en esa guerra. Ambas fueron catalogadas de peligrosas disidentes y activistas sospechosas.

1914 fue un año clave en nuestra protagonista. Había seguido con mucha atención las ideas y actividades suscitadas en las dos conferencias de paz (1899 y 1907) en La Haya, pero vio cómo unos años después todo caía al vacío con el estallido de la Primera Guerra Mundial. Aquella situación, lejos de desmotivarla, le dio aliento para renovar su compromiso y misión personales en el esfuerzo por promover el bienestar de la humanidad y librar al mundo de la guerra. A partir de ahí, una actividad más frenética si cabe con la fundación de una organización llamada Comité Internacional de Mujeres para la Paz Permanente (más tarde denominada Liga Internacional de Mujeres por la Paz y la Libertad), la preparación de propuestas de paz para su consideración por las naciones en guerra, formar parte de una delegación para instar a diversos gobiernos a iniciar ofertas de mediación, escribir libros y manifiestos en favor de la paz y de los derechos humanos…

Pasada la Primera Guerra Mundial, tanto Jane como Emily temen lo peor: una segunda guerra a causa de la humillación del tratado de paz de la primera. De hecho, cuando en 1935 Emily es elegida líder de la Liga Internacional de Mujeres por la Paz y la Libertad, toma como uno de sus principales objetivos advertir a Europa y los EEUU de la maldad intrínseca del fascismo, criticando a las democracias occidentales por dejar hacer a Hitler y a Mussolini, a pesar de mostrar claramente una política agresiva. En esos años violentos y oscuros buscó formas y medios para ayudar a las víctimas de la persecución nazi, sin dejar de pensar en que sus advertencias sobre el fascismo europeo habían resultado más graves incluso de lo que ella misma pronosticó. Esto la impulsó todavía más a creer en la idea del internacionalismo ético.

Esa frenética actividad no cesó cuando, a los ya 79 años, recibió el Premio Nobel. Podemos decir que siguió a lo largo de los años que le quedaban por delante, no pocos, porque murió a los 94, frágil ya en lo físico pero fuerte en lo intelectual y lo moral. Por cierto, no descuidó, en lo que pudo, su genio artístico, dedicándose a la pintura y a la poesía, de la que conocemos un volumen de versos, *El milagro de vivir*.

2. Legado

Motivo: Emily Greene Balch recibió el Premio Nobel de la Paz por su trabajo de toda una vida por la causa de la paz.

Palabras clave: paz internacional, socialismo, caza de brujas, nazismo, fascismo, democracia, libertad de expresión, sufragio femenino, nacionalismo y servicio militar.

«Al considerar mucho de lo que tiende a la unidad de la humanidad, hemos señalado cuestiones como la libertad, la democracia, la humanidad, el espíritu público, el repudio a la coerción y la violencia, el universalismo espiritual, los tesoros culturales comunes, la igualdad del entorno y los hábitos físicos, el control técnico del tiempo y el espacio y la tendencia a universalizar tanto los logros como las ideas.

Al pensar en las tendencias para unificar a la humanidad, debemos afrontar de frente, sin subestimarlas, todo lo que tiende a lo contrario, tiende a dividir a los hombres, a separarlos y mantenerlos apartados, a enfrentarlos consciente y apasionadamente unos contra otros. No solo la democracia y el culto a la humanidad marcan nuestra época, sino también la codicia, la violencia, la autoadulación de los grupos nacionales y raciales, el fanatismo de cultos políticos como el fascismo o el nazismo, la glorificación del poder por sí mismos, la confianza ciega en la violencia como aquello ante lo cual todo idealismo no es más que una niebla que se disuelve».

(Emily Green Balch. Discurso de aceptación del Nobel de la Paz de 1946)

3. Claves del discurso

Su ideario queda largamente plasmado en su conferencia dictada durante la ceremonia de entrega del Nobel (inusualmente, el 7 de abril de 1948), escrito que tituló *Hacia la unidad humana o más allá del nacionalismo*.

Comienza su discurso apuntando directamente a la responsabilidad y a la acción por la Paz, al señalar que «(…) no solo sufrimos los acontecimientos, sino que en parte los causamos o al menos influimos en su curso. No solo tenemos que estudiarlos sino también actuar. Esto es especialmente cierto en lo que respecta a la paz en el futuro. La cuestión de si el largo esfuerzo por poner fin a la guerra puede tener éxito sin otra convulsión importante desafía no solo nuestras mentes sino también nuestro sentido de responsabilidad».

Destacamos de su análisis de la realidad la parte en la que sostiene un esfuerzo por analizar algunas de las tendencias que corren como hilos conductores a través de la masa desorganizada de la población del mundo, que corrían entonces y siguen corriendo ahora. Lo más interesante es que son tendencias de entonces que siguen inacabadas y que son buenas pistas para seguir creyendo en un mundo mejor, un mundo más justo. Veamos de qué tendencias se trata y de cómo las podemos activar ahora o seguir potenciando desde el ámbito personal, local, mundial.

1. En primer lugar, el siempre necesario impulso hacia la libertad. «El deseo de libertad también se ha hecho sentir como una lucha contra la tiranía interna o el gobierno arbitrario».

2. El segundo ideal es el de la democracia, aunque es consciente de que «la palabra tiene diferentes significados para diferentes personas». No obstante, tras comparar lo que pueda significar para unos y otros (soviéticos y americanos–europeos), sostiene que «existe un área básica de significado común a pesar del hecho de que cada uno se ocupa de un aspecto diferente de un ideal inmensamente desafiante y difícil. Ambos entienden por sistema democrático uno que sirve a los intereses de todos los hombres por igual y no el de personas privilegiadas, y uno en el que el poder último está en manos de toda la población y es ejercido en su nombre, una sociedad en la que las desigualdades se reducen al mínimo».

3. El tercero es el ideal de la razón, ideal que según nuestra protagonista se ha abierto camino en el mundo moderno y se trata de una «(...) confianza en la razón, especialmente la razón disciplinada y enriquecida por la ciencia moderna». Cree en el poder de la razón como una especie de «base eterna de la intercomunicación humana», por lo que la invitación es clara: «Venid, razonemos juntos». Hagámoslo porque tanto la ciencia como la psicología modernas, piensa Emily, son un poderoso «disolvente de ideas, supersticiones y prejuicios» que mantienen separados a los seres humanos.

4. Un cuarto elemento es la existencia de «una rebelión contra todo sufrimiento evitable, una nueva preocupación por el bienestar social en todos sus aspectos». Una concienciación e indignación que compartía y a la que se comprometía nuestro admirado Stephan Hessel, del que conocemos ya su escrito *¡Indignaos!* Sorprende también su alusión a la violencia sexista (recordemos que estamos en 1948), un sufrimiento evitable. Ha descubierto, como buena socióloga que es, que existe una especie de «asombrosa revolución silenciosa, desorganizada y espontánea», que afecta a las mujeres en tanto que se basa en una injusta «relación entre marido y mujer», porque la enmarca en una especie de relación de subordinación económica, denunciando la existencia de una «autoridad y coerción» injustificada e injusta del hombre, aunque detecta que se avanza hacia la igualdad, pues cree que se van dando «(...) pasos al ideal de una relación bastante libre de estos elementos». Muy significativamente hace referencia a la *Casa de Muñecas*, una obra del dramaturgo noruego Henrik Ibsen (1879) sobre la rebelión de una mujer contra su destino de «muñeca» en la casa de su marido.

5. Un quinto elemento tiene que ver con la religión y la cohesión e identidad sociales. Cierto que ha tenido algunos momentos esperanzados, pero también lo es una cierta radicalización en sentido contrario. Hoy nos quedan lejos aquellas aproximaciones de grandes creyentes, como son el caso del cristiano Rabindranath Tagore y el hindú Mohandas Gandhi leyendo juntos el *Sermón de la Montaña*.

6. Una sexta tendencia, que considera como una de las «cualidades maestras de nuestra dotación humana común», es el deseo de belleza, de percibirla y de crearla. Por eso reivindica el arte bajo todas sus formas (música, literatura, arquitectura, etc.). El arte une. Tiene el potencial de unir a la humanidad con palabras, colores, formas, armonías y melodías, pues todas ellas tocan la esencia humana, lo que se ha venido a llamar alma.

7. Finalmente, la técnica y la tecnología. Cree en ese momento Emily que los avances técnicos rápida y ampliamente están rehaciendo el mundo: «En las condiciones modernas, nuestro entorno físico tiende a la uniformidad. Cada vez tenemos más los mismos trenes y los mismos aviones, los mismos baños y las mismas galerías de cuadros, los mismos hospitales, la misma comida y la misma moda en la ropa (...). La tecnología nos proporciona los medios que reducen las barreras del tiempo y la distancia: el telégrafo y el cable, el teléfono, la radio y todo lo demás». Todo apunta ya a globalización.

No sé qué opinaría ahora Emily de estas palabras suyas, porque la tecnología actual más bien nos ha alejado, ha creado brechas enormes que muestran que la tendencia unificadora no avanzó en absoluto. Estamos llegando al colapso por la tecnología (*desarrollismo*).

Pero, a pesar del optimismo que refleja su análisis de las tendencias humanizadoras que vislumbra a mitad del siglo XX, también señala –como hemos visto– las «tendencias divisorias», como son la codicia, la violencia, la autoadulación de los grupos nacionales y raciales, el fanatismo de cultos políticos como el fascismo o el nazismo, la glorificación del poder por sí mismos, la confianza ciega en la violencia como aquello ante lo cual todo idealismo no es más que una niebla que se disuelve. Hoy en día estoy seguro de que hablaría sobre la globalización (que es casi exclusivamente económica) y el *desarrollismo*, que lleva a la destrucción del planeta y, con ello, de la humanidad.

En aquel momento, y creo que no podía ser de otro modo, Emily se centra en recordar la reciente huella del fascismo y del nazismo que recorrieron la Europa de los años 30 y 40, y que siguen siendo fuerzas vivas, aunque relativamente latentes, huella que generó seguramente el mayor de los sufrimientos… Ya entonces advertía que «estas ideas aún no están tan muertas como parecen en la superficie». Hessel, de nuevo, creo que no podría estar más de acuerdo.

Tras esta reflexión muy centrada en el mal radical que supuso el nazismo, hace una advertencia que bien podría valer para este mismo año del siglo XXI: «El totalitarismo es otra fuerza que parece seguir ganando terreno. Puede deberse en parte a la necesidad de técnicas políticas eficaces y rápidas y a la impaciencia de la democracia política con sus procesos, a menudo provocativamente lentos y torpes. Puede deberse en gran medida al cinismo respecto del liberalismo y el individualismo en el proceso económico. Sin embargo, parece estar claramente en el camino equivocado».

Llega el momento de las propuestas en positivo de su discurso. No olvidemos que estamos en los años cincuenta del siglo XX, pero hemos avanzado tan poco que sus propuestas siguen siendo válidas para los años veinte de nuestro siglo XXI. En síntesis, dirá Emily que «se necesitan fuerzas unificadoras y diferenciadoras, pero no la guerra». Advirtamos que habla de unidad y diferencia, pero negando la violencia que pueda generar, especialmente la guerra, cuya sombra todavía se hacía notar en su época y vuelve a sonar en la nuestra, con la guerra ruso–ucraniana, judeo–palestina y tantas otras dejadas de lado por los medios de comunicación dominantes.

Su denuncia suena actual: «Se invierten enormes sumas de dinero y tesoros de la inteligencia y la industria humanas en inventar venenos nuevos y más espantosos, métodos de diseminación de enfermedades y perfeccionamiento de instrumentos de destrucción instantánea y casi ilimitada».

¿Qué hacer?, se pregunta Emily. No tiene dudas. Las ideas que comparten los seres humanos y las necesidades que todos sienten necesitan un órgano adecuado. Necesitan un organismo institucional para hacerlos efectivos. La nación creó el estado nacional. La comunidad mundial debe crear una expresión política para sí misma. La ONU acaba de «nacer» (1945, tras la Segunda Guerra Mundial).

Efectivamente, la ONU es una ocasión mucho más plausible que las anteriores, porque, entre otras cosas, puede aprender de las bondades y límites de la Sociedad de Naciones, y sobre todo de la Segunda Guerra Mundial. Así que, «con menos idealismo, esperanza y confianza que la que disfrutó la Sociedad de Naciones en sus primeros días, –sostiene Emily– (la ONU) está más sobria, y Noruega le ha dado en Trygve Lie un secretario general que inspira confianza y esperanza».

Efectivamente, en la segunda parte Emily aborda lo que denomina el necesario «esfuerzo por organizar la sociedad mundial». En este sentido, destaca en sus propuestas el «movimiento por la paz», movimiento que ha sido llevado cabo principalmente por organizaciones privadas no oficiales, locales, nacionales e internacionales, y que han centrado su trabajo por la paz fundamentalmente en cuestiones «morales o individuales» o bien «políticas o institucionales».

En el momento de escribir su discurso, los que se niegan a cumplir el servicio militar y los que piden su abolición no son comprendidos ni aprobados por el resto de la ciudadanía, pero Emily sostiene que «ha sido un testimonio inestimable de la supremacía de la conciencia sobre todas las demás consideraciones y un gran servicio a un público demasiado afectado por la concepción de que el poder hace lo correcto».

Aquí hay que traer a colación la idea de «banalidad del mal», de Hannah Arendt. Pensemos que en la época en la que Emily recibe el Premio Nobel (1946) están en marcha los conocidos como «Juicios de Nuremberg» (1945–1949). En esos juicios quedó meridianamente claro que la obediencia a la autoridad no puede eximir de responsabilidad, esto es, que una persona no queda exenta de responsabilidad de un acto por el hecho de que haya sido ordenado por sus superiores o su gobierno. Precisamente es una principio moral y legal que sirve de base a la «objeción de conciencia», esto es, a no realizar el servicio militar y considerarse pacifista.

En ese contexto histórico, entendemos que Emily diga en su discurso que le «sorprende que el repudio de toda la teoría y práctica del servicio militar obligatorio no haya encontrado expresión en un movimiento más amplio y poderoso que se fortalezca a partir de la preocupación generalizada por la libertad individual». Ese repudio duró muchos años.

En concreto, en España data del año 2001. En ese año, el entonces presidente del gobierno, a través de un *Real Decreto* de 9 de marzo, puso fin a más de dos siglos de reclutamiento militar obligatorio, quedando suspendido el servicio militar a partir del 31 de diciembre de 2002, ya en el siglo XXI.

Hasta esa fecha, fueron muchos los objetores de conciencia que hicieron la prestación social sustitutoria y menos los insumisos, quienes fueron detenidos y encarcelados, unos 1500, convirtiéndose en el mayor movimiento de desobediencia civil en España.

Fue una mujer la primera que instó a renunciar al servicio militar, a esa preparación para la guerra que viene (y que se torna profecía autocumplida). Se trata de Dorothy Detzer. secretaria en aquel entonces de la sección estadounidense de la Liga Internacional de Mujeres por la Paz y la Libertad, quien instó a algo que sugiere el *Pacto Kellogg*, pero más concreto: un tratado multilateral entre gobiernos para renunciar al uso del servicio militar obligatorio. Pero, consta Emily, aunque en aquel momento se encontraba en el Congreso de los Estados Unidos un proyecto de ley similar al propuesto por Detzer, era claro para ella que «atrae poca atención», o lo que es igual, pasó prácticamente inadvertido y cayó olvidado en el fondo de un cajón de cualquier despacho ministerial.

En el entorno de este esfuerzo común por la paz a través del pacifismo, Emily tiene claro que la tarea principal recae «principalmente en la educación». Y consta que esa idea se ha abierto camino, aunque es verdad que a la vista del siglo XXI y lo que desde entonces hemos vivido, sin demasiado empeño y por ello con poco éxito. Han sido muchas las guerras desde entonces y Amnistía Internacional cuenta, al menos, 56 a finales de diciembre de 2023.

El final de su largo discurso –bastante más largo que otros muchos posteriores– es el que sigue:

«He hablado en contra del miedo como base para la paz. Lo que deberíamos temer (…) no es que alguien pueda lanzarnos bombas atómicas, sino que permitamos que se desarrolle una situación mundial en la que hombres normalmente razonables y humanos, actuando como nuestros representantes, puedan utilizar tales armas en nuestro nombre. Deberíamos estar resueltos de antemano a que ninguna provocación, ninguna tentación nos induzca a recurrir a la última y terrible alternativa de la guerra.

Que ningún joven vuelva a enfrentarse a la elección entre violar su conciencia cooperando en una masacre competitiva en masa o separarse de aquellos que, esforzándose por servir a la libertad, la democracia y la humanidad, no pueden encontrar mejor manera que reclutar a jóvenes para matar».

En esa estupidez de falta de inteligencia y de obediencia se han tejido prácticamente todas las guerras.

4. ¡Indignaos!
Para pararse a pensar

Emily afirma en el contexto de su reflexión sobre el pacifismo, la guerra y el servicio militar, lo siguiente: «Me parece bastante sorprendente que el rechazo a la guerra nunca haya tomado la forma, a gran escala, de una negativa a pagar impuestos para uso militar, una negativa que habría involucrado no solo a hombres jóvenes sino (y principalmente) a hombres y mujeres mayores, poseedores de bienes». ¿Por qué crees que es así? ¿Tendrá algo que ver con la obediencia a la autoridad? ¿Miedo? ¿Ignorancia? ¿Naturaleza violenta del ser humano? ¿Engaño?

Por lo demás, cabe siempre preguntarse si hay «guerras justas».

Para indignarse:

Los gastos en armamento, sólo en armamento (se excluye gastos de mantenimiento de los ejércitos, etc.) a nivel mundial registraron en 2023 su mayor subida en más de una década y alcanzaron un montante récord de 2,4 billones de dólares, según el último informe del Stockholm International Peace Research Institute (SIPRI). España invierte 22.200 millones en Defensa, el 1,5% del PIB, según el último informe del SIPRI 2023.

Emma Graham–Harrison. Territorio gazatí. 2 de enero de 2024. (*ElDiario.es*)

IV/1976
Betty Williams/Mairead Maguire

El 10 de agosto, en Belfast, tres niños mueren atropellados por un coche descontrolado. Quien lo conducía era un (presunto) fugitivo del Ejército Republicano Irlandés Provisional (IRA), que momentos antes había sido abatido por las tropas británicas cuando intentaba darse a la fuga.

Al parecer, Lennon, que así se llamaba el conductor, junto con su cómplice, John Chillingworth, transportaban un rifle Armalite por Andersonstown (Belfast), cuando un grupo de soldados del ejército británico dispararon contra ellos, aduciendo que les habían apuntado con aquel rifle.

Sea como fuere, aquellos disparos de los soldados dieron en el blanco, hiriendo gravemente a Chillingworth y matando en el acto a Lennon. El coche, descontrolado, se subió a una acera en Finaghy Road North, por donde paseaban tres niños y su madre. El desenlace fue terrible ya que, de los tres niños, Joanne y Andrew murieron en el acto, John murió al día siguiente, en el hospital; la madre, Anne Carrigan, resultó herida, pero no de gravedad.

Del otro lado de la acera, una mujer, residente de Andersonstown, fue testigo directo de la tragedia. No dudó en acusar a los dos miembros del IRA de disparar contra la patrulla británica y provocar el incidente. Esa mujer se llamaba Betty Williams. Aquella terrible escena dejó tal impacto en ella que removió sus entrañas y la impulsó a organizar una protesta para acabar con la violencia que asolaba las calles de Belfast y más allá.

Aquella protesta pasó muy cerca de donde vivía Mairead, la hermana Anne y tía de los tres niños. Desde la tristeza, la rabia y la indignación, se unió a aquella marcha, que aquel día contaba con la presencia de unas 200 mujeres que logró congregar Betty. Fue la primera de las muchas actividades que Betty y Mairead harían juntas: protestar por la violencia y exigir una vía pacífica para la resolución del conflicto.

Efectivamente, a partir de ese momento, de ese primer espontáneo encuentro, Mairead Maguire (entonces todavía Mairead Corrigan) y Betty Williams inician una relación de amistad y de lucha, convirtiéndose en las líderes del movimiento por la paz. Pasaron de ser 200 mujeres ese primer día a más de 10.000, entre hombres y mujeres, entre protestantes y católicos, en la siguiente marcha, la que se dirigía al lugar de enterramiento de los tres hijos de Anne Maguire.

Poco después, hacia finales de ese fatídico mes de agosto, Betty y Mairead habían sacado a las calles de Belfast a 35.000 personas que pedían la paz entre las facciones republicana y lealista, primero bajo el nombre de Mujeres por la Paz, después ya por el de Comunidad de Personas por la Paz, al que más tarde se unió, dándole impulso, el corresponsal de la prensa irlandesa Ciaran McKeown.

La organización comenzó con diversas actividades: manifestaciones, publicación de un periódico quincenal (*Peace by Peace*), y ayuda a las familias de los presos con un servicio de autobús hacia la cárcel. Por ese enorme y difícil esfuerzo común, en 1976 estas dos valientes mujeres recibieron el Premio Nobel de la Paz, concretamente por sus luchas pacíficas en el proceso de Irlanda del Norte mediante la fundación del Movimiento por la Paz de Irlanda del Norte.

IV
Betty Williams

1. Itinerario vital

Nace en Belfast (Irlanda del Norte), el 22 de mayo de 1943 y muere el 17 de marzo de 2020.

Como sabemos ya, el Premio Nobel de la Paz se le concede en 1976 por su liderazgo en la pacificación de Irlanda del Norte. Lo compartió con Mairead Maguire.

Su familia es una encrucijada de religiones, cosa que va a marcar su interés por la paz, especialmente por la peripecia vital de la familia de su abuelo materno, judío, quien había perdido a gran parte de su familia en los campos de exterminio nazis. Fue ese mismo abuelo el que le enseñó desde bien temprano el respeto por las personas y por las religiones. La mayor parte de su familia era católica (especialmente por parte de la abuela materna), aunque sus abuelos paternos eran protestantes. Ella fue bautizada en el catolicismo.

Le tocó madurar tempranamente, pues debido a una enfermedad sobrevenida de su madre tuvo que gestionar el hogar y educar a su hermana pequeña. Realizó estudios primarios (en un colegio católico), pero tuvo que dejar sus estudios para trabajar de recepcionista en una oficina. Siguiendo la tradición plurirreligiosa familiar, se casó con un protestante.

A pesar de la enseñanza de su abuelo materno, Betty perteneció al IRA (ejército republicano irlandés) en 1972. Pero presenciar la muerte de un soldado británico (en 1973) le cambió la perspectiva de la situación y decidió abandonar el movimiento guerrillero. Su ruptura fue inmediata y simbólica, pues en el mismo instante de la muerte del soldado se arrodilló junto a él y se puso a rezar. Todo esto delante del resto de vecinos católicos. Este detonante la lanzó hacia la vía pacífica.

Efectivamente, tras este hecho inició un movimiento en el que se pidió una solución pacífica del conflicto armado irlandés. De inicio, se recogieron 6000 firmas en poco más de 48 horas. Pero el momento clave será, lo sabemos, el fatal accidente del 10 de agosto, a partir del cual sentirá la necesidad de organizarse para buscar la paz, cosa que hizo fundando el movimiento Mujeres por la Paz, que más tarde pasó a llamarse Movimiento por la Paz de Irlanda del Norte.

La muerte de aquellos niños, en fin, marcó claramente un antes y un después. Pero no fue nada fácil. Al funeral de los niños asistieron más de 10 000 personas, pero no fue tanto el número como el hecho de que había católicos y protestantes juntos. El IRA, que todavía no estaba preparado para tomar la vía pacífica para la resolución del conflicto, interrumpió el funeral y acusó a los asistentes de ser partidarios del ejército británico. Nada más falso, ya que empezaban a ser partidarios de la paz y de la resolución dialogada del conflicto, aunque todavía no sabían ni cómo ni si iban a tener alguna posibilidad de lograrlo. Pero la paz estaba haciendo ya su camino. De hecho, en una convocatoria posterior, Mairead y Betty lograron reunir a más de 35 000 personas, entre católicos y protestantes de nuevo, en una marcha pacífica. Era el principio del fin del terrible conflicto que asediaba sus vidas.

Así, junto con Ciaran McKeown, firmó una declaración de Paz, base principal de la organización Gente por la Paz, que sigue:

Tenemos un mensaje simple para el mundo desde este movimiento por la paz.

Deseamos vivir, querer y construir una sociedad justa y pacífica.

Deseamos para nuestros niños, como deseamos para nosotros mismos, nuestras vidas en casa, en el trabajo y en el juego ser vidas de alegría y de paz.

Reconocemos esto para construir una sociedad que pide dedicación, trabajo duro, y valor.

Reconocemos que hay muchos problemas en nuestra sociedad que son una fuente del conflicto y violencia.

Reconocemos que cada bala y cada bomba que estalla hacen este trabajo más difícil.

Rechazamos el uso de la bomba y la bala y todas las técnicas de la violencia.

Nos dedicamos al trabajo con nuestros vecinos, de cerca y de lejos, para edificar una sociedad pacífica en que las tragedias que hemos conocido sean un mal recuerdo...

Betty Williams siguió trabajando como recepcionista en Belfast, incluso después de recibir el Nobel, aunque después marchó a EE.UU. tras su divorcio en 1982. Allí, dado su prestigio, trabajó como profesora.

V
Mairead Maguire (Mairead Corrigan–Maguire)

1. Itinerario vital

Al igual que Betty, nace en Belfast, el 27 de enero de 1944. Ha sido, con 32 años, la galardonada más joven del Premio Nobel de la Paz hasta que, en 2014, se le concediera a Malala Yousafzai.

Nace en el seno de una familia católica y estudia en colegios católicos. Al acabar los estudios primarios, logra trabajo de secretaria en una oficina.

Podemos imaginar a Mairead como una mujer joven, trabajadora, que conoce el conflicto violento que vive Irlanda del Norte, pero –contrariamente a Betty– no participa en él. No lo hace hasta que un hecho fortuito la implica directamente: la muerte de los tres hijos de su hermana, Anne Maguire, ese fatídico 10 de agosto de 1976, cuando fueron atropellados por el coche que conducía Danny Lennon, el miembro del IRA que huía de los soldados británicos... Como consecuencia de aquella tragedia, su hermana Anne, la madre de los tres niños, acabó suicidándose unos años después, incapaz de superar la muerte de los niños.

Esa desgracia personal hizo emerger de Mairead la energía suficiente para oponerse a la violencia, lo cual no era fácil en ese momento y en Belfast, proponiendo una vía pacífica que en aquel momento y en aquel lugar se veía no solo imposible sino casi insultante. De hecho, así lo vio el IRA y así reaccionó durante el sepelio de los tres niños. Es así como decidió unirse a Betty para fundar el Movimiento Mujeres por la Paz.

Desde ese momento, siguió trabajando para conseguir el final del conflicto armado norirlandés, pero también, desde su experiencia, está ahora involucrada en la resolución pacífica de otros conflictos en otros muchos países. Quisiera destacar una iniciativa de la que Mairead fue cofundadora, la que reunió en 2006 a varias mujeres Nobel de la Paz en lo que se conoce como Iniciativa de las Mujeres del Premio Nobel. Participaron con ella Betty Williams, Shirin Ebadi, Wangari Maathai, Jody Williams y Rigoberta Menchú. Seis mujeres extraordinarias que representan a toda la humanidad, pero también geopolíticamente a América del Norte y del Sur, Europa, Oriente Medio y África. Su objetivo era maximizar su esfuerzo común tanto por la paz, la justicia y la igualdad, como por fortalecer y dar mayor luz al apoyo de los derechos de las mujeres en todo el mundo.

Las verdad es que estar atentos a la trayectoria de la vida de Mairead significa conocer muchos de los conflictos graves que existen en el mundo. Irak, Afganistán, Israel, Palestina..., serían algunos de los lugares donde ha trabajado por la paz hasta hoy en día.

La última de las iniciativas que cuento, por entroncar con una situación actual (mayo de 2024), data del 30 junio de 2009. Se trató de su proyecto de visitar la Franja de Gaza, para lo cual marchó en el carguero Spirit of Humanity, junto a otros 21 activistas pro derechos humanos, aunque fueron interceptados por la Marina de Israel, detenidos y encarcelados en prisiones diferentes, en pequeñas celdas e incomunicados, según contaron después. Mairead sigue siendo una activista enérgica.

2. Legado

Motivo: por los valientes esfuerzos para fundar un movimiento para poner fin al violento conflicto en Irlanda del Norte.
Palabras clave: IRA, violencia, católicos, protestantes, manifestaciones, compasión, estupidez,

«(…) la voz de las mujeres, la voz de quienes participan más estrechamente en generar nueva vida, no siempre ha sido escuchada cuando abogaba e imploraba contra el desperdicio de vidas en una guerra tras otra. La voz de las mujeres tiene un papel especial y una fuerza anímica especial en la lucha por un mundo sin violencia. No queremos sustituir el sectarismo religioso o la división ideológica por el sexismo o cualquier tipo de feminismo militante. Pero sí creemos, como cree Ciaran McKeown, que está con nosotros en espíritu, que las mujeres tienen un papel de liderazgo que desempeñar en esta gran lucha.

Por eso nos sentimos honradas, en nombre de todas las mujeres, de que las mujeres hayan sido honradas especialmente por su participación en el liderazgo de un movimiento no violento por una sociedad justa y pacífica. La compasión es más importante que el intelecto a la hora de suscitar el amor que necesita la obra de paz, y la intuición a menudo puede ser un reflector mucho más poderoso que la fría razón. Tenemos que pensar, y pensar mucho, pero si no tenemos compasión incluso antes de empezar a pensar, es muy probable que empecemos a luchar (…).

Debido al papel desempeñado por las mujeres durante tantos siglos y en tantas culturas diferentes, han sido excluidas de lo que se ha llamado «los asuntos públicos»; por eso mismo se han concentrado mucho más en las cosas cercanas a casa… las verdaderas realidades, las realidades del parto y del amor. Quizás haya llegado el momento en la historia de la humanidad en que, para sobrevivir, esas realidades deban ocupar un lugar de honor sobre las vanagloriosas aventuras que conducen a a la guerra.

Pero no deseamos ver una división sobre esto… simplemente una cooperación natural, respetuosa y amorosa. Mujeres y hombres juntos pueden hacer de este un mundo de gente hermosa, y es por eso que nos llamamos «EL PUEBLO DE LA PAZ».

(Betty Williams, Discurso de aceptación del Premio Nobel de la Paz de 1977)

3. Claves del discurso

Mairead Corrigan no pronunció ningún discurso de aceptación del Nobel, por lo que hacemos suyas también las palabras de Betty Williams, que sí lo hizo.

Betty comenzó su conferencia con las siguientes palabras: «Estoy aquí hoy con un sentido de humildad, un sentido de historia y un sentido de honor. También estoy aquí en nombre del coraje para dar nombre a un desafío».

¿De qué desafío se trataba? De nuevo, la búsqueda de la paz en una situación doliente: la situación de Irlanda del Norte. O, como dice Betty, aunque en nombre de Mairead también, del deseo masivo de paz dentro de los corazones del pueblo de Irlanda del Norte y, como pronto descubrimos, en los corazones de personas de todo el mundo…

El sentido común y hacer común el sentido es lo que acaba siendo clave para devolver la paz, en este caso en Irlanda. De eso se trató, como viene a decir Betty: «Nunca habría sido suficiente desbloquear el deseo de paz. Toda la energía, toda la determinación para expresar una demanda abrumadora de poner fin al repugnante ciclo de violencia inútil habría resonado breve y desesperadamente entre la gente, como había ocurrido tantas veces antes, si no nos hubiésemos organizado para utilizar esa energía y esa determinación de manera positiva, de una vez por todas».

Efectivamente, el deseo de paz en cualquier conflicto se alberga en el corazón de casi toda la ciudadanía implicada, da igual sea a pequeña que a gran escala (como lo fueron la primera Gran Guerra y la Segunda Guerra Mundial). Betty se pregunta y nos pregunta: ¿Quién quiere la guerra? O lo que es igual, ¿quién quiere matar o morir en el frente? ¿Quién quiere morir en la calle por una bomba, una bala perdida o no tan perdida? ¿Quién quiere pasar el hambre y el miedo que se pasan en una guerra, en una situación de violencia estructural, etc.? Diría que poca gente, muy poca, y la mayoría serían tachables de psicópatas. Y, no obstante lo dicho, ha habido, hay y seguirá habiendo guerras y violencias de distinto tipo. ¿Por qué? O, mejor todavía, ¿para qué?, sigue cuestionándonos Betty. De hecho, si preguntásemos a la población en guerra quién les ha pedido su opinión para entrar o no en guerra, encontraríais a muy pocas personas contestando afirmativamente. Por supuesto, tampoco se les pidió alternativas a la guerra o violencias estructurales (que, presumiblemente, los políticos y los militares no encontraban). Tras esto, está el cinismo de quienes declaran la guerra y no van a ella, pero puede que se enriquezcan con ella.

Betty, Mairead y Ciaran fundaron el Movimiento del Pueblo de la Paz, precisamente para darle liderazgo y dirección a ese deseo que sabían que estaba en lo profundo de los corazones de la gran mayoría de la gente, porque la gente quiere paz y quiere resolución pacífica de los conflictos, sean a escala doméstica, nacional o mundial. Intuye Betty que ese deseo está incluso «en lo profundo de los corazones de aquellos que se sintieron obligados, tal vez todavía se sienten, a oponerse a nosotros en público».

Los primeros días de la fundación de Movimiento del Pueblo de la Paz quedará siempre en el recuerdo la muerte de cuatro personas, muerte que sellará la necesidad ineludible e inaplazable de un movimiento por la paz en Irlanda del Norte. Como toda muerte violenta e innecesaria, fue una «estupidez», dice Betty. Y, como decía Deleuze, la Filosofía nace para denunciar la estupidez y la bajeza de pensamiento en todas sus formas. Concretamente, la muerte de un bebé de seis semanas, Andrew, el pequeño John y Joanne Maguire, de ocho años; también la de dos adultos, como recordaremos, Anne, la madre y hermana de Mairead, que quedó gravemente herida y la cuarta víctima, el joven Danny Lennon.

Unas muertes inútiles. Tres niños de una misma familia. Considera el dolor y los daños que se suman a sus muertes, más allá de ser estúpidas. Como señala Betty, «una tragedia especialmente insoportable». Fue la pura inutilidad de esta terrible pérdida de vidas lo que motivó a miles de personas a protestar ese día, esa semana.

Siguiendo su tónica de hacerse y hacernos preguntas directas, continúa su discurso, que es una indagación sobre el despliegue de la violencia y el modo de detenerla, cuestionándose la muerte del joven republicano, muerto por los soldados. ¿Qué hay de él? Algunos, dice Betty, pueden argumentar que «recibió lo que merecía. En lo que a nosotros respecta, esta fue otra vida joven perdida innecesariamente. En lo que a nosotros respecta, cada muerte en los últimos ocho años y cada muerte en cada guerra que se libró, representa una vida innecesariamente desperdiciada, el trabajo de una madre despreciado».

Ese día, gritaron contra la violencia y pidieron que cesara. Pero del grito desgarrado nació una energía dispuesta a encontrar incansablemente el final del conflicto, la paz. Por eso, ese mismo día encomendaron a Ciaran McKeown que escribiera lo que se dio a conocer como «La Declaración del Pueblo de la Paz», que ya conocemos y que, de modo amable y sencillo, indicaba el camino hacia la paz verdadera. Una publicación que sirvió para anunciar públicamente la fundación del Movimiento del Pueblo de la Paz y las actividades que se preveían, entre otras la de una serie de manifestaciones a las que acudieron cientos de miles personas. Estas convocatorias se mantuvieron durante cuatro meses y fueron el inicio del desafío que proponía el movimiento: seguir el camino de la paz siguiendo las sencillas directrices de la Declaración elaborada por Ciaran.

Ahora bien, tal como señala Betty, «las palabras son simples, pero el camino no es fácil (…). Es el camino de la dedicación, el trabajo duro y el coraje». Efectivamente, las palabras son sencillas pero el camino difícil, porque hay que evitar todo tipo de violencia, aun en las agresiones recibidas, y buscar la paz por el camino de la paz. Un camino marcado por los valores humanizadores, entre los que el coraje o, lo que es igual, el corazón, son las claves. Cuando aquí uso «corazón» por coraje, quiero aclarar que en realidad quiero referirme a la «razón cordial» que Adela Cortina nos enseñó, esa razón cuyos argumentos pasan por el corazón, ese corazón que pregunta afectivamente al argumento de la razón.

Lo cierto es que la propuesta de Ciaran, Betty y Mairead no hubiera avanzado sin esas decenas de miles de personas que asistieron e insistieron en las convocatorias por la paz del incipiente movimiento. De hecho, en su discurso Betty lo agradece profundamente, así como a dos referentes para ellas: Martin Luther King y Carl von Ossietsky y sus esfuerzos no violentos por la paz y la justicia.

Citar a Carl von Ossietsky no es una casualidad. Porque, a través de él, Betty quiere recordar a las personas encarceladas, muchas de ellas jóvenes, malogrando sus vidas en las prisiones de Irlanda del Norte. Hombres y mujeres jóvenes, reconoce Betty, «engañados por la tradición hacia la violencia, y cuya pronta liberación en una sociedad no violenta buscamos».

De nuevo, y aunque Betty no lo diga explícitamente, volvemos al tema de la educación para la paz y los derechos humanos. Volvemos a Adorno y su alegato en favor de la educación después de Auschwitz, volvemos a Ossietsky y volvemos a tantas otras personas que ven la todavía incipiente educación para la paz. Y, en esta línea, da con una de las claves sobre las que debería asentarse esa educación: la compasión.

«El mundo entero está dividido ideológica y teológicamente, derecha e izquierda, y los hombres están dispuestos a luchar por sus diferencias ideológicas. Sin embargo, toda la familia humana puede estar unida por la compasión. Y, como dijo Ciaran recientemente en Israel, *la compasión reconoce los derechos humanos automáticamente… no necesita una Carta*».

Betty no oculta su enfado. De hecho, dice literalmente que «está enojada, el Pueblo de la Paz está enojado porque la guerra en casa continúa, y en todo el mundo vemos la misma estupidez ganando impulso para guerras mucho peores que la pequeña población de Irlanda del Norte ha tenido que soportar. Estamos enojados por el despilfarro de recursos que se produce cada día por parte del militarismo, mientras los seres humanos viven en la miseria y a veces incluso viven con la esperanza de una muerte rápida que los libere de su desesperanza». Son sus motivos para indignarse.

Betty pone cifras a ese enfado, a esa «furia». Son datos de 1976–1977. Cada vez que leo esta parte de su discurso la veo frente a mí, interpelándome a escucharla con atención. Me habla a mí para decirme lo que sigue: Si yo te dijese que cada minuto de cada día se gastan 500.000 dólares en la guerra y en su preparación, y que en ese mismo minuto (de cada día) mueren 12.000 personas por abandono, desnutrición y miseria sin ningún tipo de ayuda, tú me dirías que eso es de locos e inhumanos, que alguien debería parar esto y revertirlo. Nadie lo hace realmente, y seguimos gastando 500.000 dólares en armamento y dejamos morir de hambre a 12.000 personas cada minuto de cada día...

Piénsalo de esta manera, como propone Betty: si el gasto de un minuto en armamento (500.000 dólares) pudiera de alguna manera detenerse durante ese único minuto y repartirse entre los 12.000 que morirán ese día, cada uno de los condenados recibiría más de cuarenta dólares, esto es, suficiente para vivir bien en lugar de morir en la miseria ese mismo día...

O míralo de este modo: Si los gastos de armamento pudieran transferirse para un día entero, un solo día, entonces resultaría que se podrían repartir 720.000.000 de dólares entre esos doce mil condenados y cada uno de los condenados recibiría ¡60.000 dólares ese día! Suficiente para el resto de su vida.

¿No es de dementes e inhumanos no hacerlo? ¿Qué pasaría si nos dejásemos llevar por la compasión? De nuevo, preguntas para la indignación.

Lo que hace que estas prioridades dementes sean aún más enfermizas, señala Betty, es que «esta cantidad obscena de dinero se gasta en nombre de la defensa de la libertad o del socialismo. ¡Sin duda los muertos y moribundos se sienten aliviados de que la libertad y el socialismo se estén defendiendo tan eficientemente!».

Nuestra protagonista no ignora las dificultades para movilizar a las personas y frenar esta tendencia demencial. Pero si se ha logrado para el caso de Irlanda del Norte, ¿por qué no soñar con alcanzar a todo el mundo, en todas partes? Las palabras son sencillas pero el camino es complejo, decía. Y es verdad. Y lo sabe bien, por eso no duda en afirmar que «este desequilibrio demencial e inmoral de prioridades no se puede cambiar de la noche a la mañana: también sabemos que no se cambiará sin la mayor lucha, la lucha incesante para lograr que la raza humana deje de desperdiciar sus vastos recursos en armas y comience a invertir en las personas que deben vivir sus vidas en el planeta que compartimos, este y oeste, norte y sur. Y esa lucha debe ser aún mayor porque tiene que ser una lucha desarmada y no violenta, y requiere más coraje y más persistencia que el coraje de apretar gatillos o presionar botones asesinos. Los hombres no solo deben poner fin a la guerra, sino que deben empezar a tener el coraje de ni siquiera prepararse para la guerra».

Y recuerda, para acabar, las palabras atribuidas al poeta Carl Sandburg: «Algún día habrá una guerra y nadie vendrá».

4. ¡Indignaos!

Para pararse a pensar

La fórmula de Betty y su grupo era sencilla: se dedicaron a concienciar, a trabajar, con sus vecinos, cercanos y lejanos, día tras día, para construir esa sociedad pacífica en la que «las tragedias que hemos conocido sean un mal recuerdo y una advertencia continua». ¿Crees que puedes implicarte en algo similar?

Muro de Belfast

Para indignarse

Revisa los datos que ofrece Betty en su discurso. ¿Cómo te sientes? ¿Qué se puede hacer?

Cristina Sáez. (10 de octubre de 2019. *La Vanguardia*)

VI/1979
Teresa de Calcuta

Sor Teresa viaja en tren hacia el convento de Loreto, en Darjeeling. Le espera una semana de retiro espiritual. Va pensativa, a veces dormita. Hay dos momentos que le vienen a la cabeza de forma insistente: la hambruna en Bengala en el año 1943 y la ola de violencia hindú–musulmana de agosto de 1946 cuando el hambre y el terror se apoderaron de varias ciudades y acabó de destrozar a una población de por sí precaria. Es precisamente en ese duermevela pensativo cuando siente lo que más adelante llamará la «llamada dentro de la llamada»: entiende que Dios, a través de esos hechos terribles, la llama a dedicar su vida a las personas más desfavorecidas: enfermas, moribundas, hambrientas, sin hogar, etc., en una sociedad precaria de por sí. Era un 11 de septiembre de 1946, y este recorrido en tren marcó definitivamente su vida.

Como habrá intuido el lector o lectora, hablamos de Teresa de Calcuta. En realidad, se llamaba Anjezë Gonxhe Bojaxhiu y había nacido en Uskub (actual Skopije, en Macedonia del Norte) el 26 de agosto de 1910, muriendo en Calcuta, el 5 de septiembre de 1997). Se le reconoció con el Nobel en 1979.

1. Itinerario vital

Monja católica nacionalizada india, funda la congregación de las Misioneras de la Caridad en Calcuta, el año 1950, y desde allí atendió durante 45 años a los excluidos de la sociedad: personas empobrecidas, huérfanas, enfermas y moribundas.

A los 18 años, la todavía Agnes sabía ya que su vocación y su vida estaban ligadas a la vida religiosa. Admiraba a Teresa de Lisieux y es por ello que adopta su nombre. Teresa de Lisieux es la patrona de los misioneros y a ello se quiere dedicar nuestra protagonista. Calcuta será su destino, aunque la expansión de su congregación la llevará a otras partes de la India y del mundo.

Pero antes de ser misionera Teresa fue maestra. Dedicó sus primeros 20 años a enseñar en el convento irlandés de Loreto, pero su espíritu misionero y caritativo la llevó a preocuparse por los enfermos de la ciudad india de Calcuta. A la vista del desamparo de tantas personas vulnerables ve la necesidad de fundar una congregación destinada a ayudarles y darles un hogar.

La India es enorme, Calcuta es grande, pero Teresa es «pequeña». A nadie parece importarle mucho hasta que Malcolm Muggeridge descubre para el mundo entero el valor de esta mujer a través del libro (y un documental sobre su vida) titulado *Something Beautiful for God*. Corren los años 70 del siglo XX y Teresa es reconocida mundialmente como una mujer de alto valor humano. Al final de esta década, en 1979, recibirá el máximo galardón que lo acredita, el Premio Nobel de la Paz.

No tuvo Teresa una infancia fácil pues, a pesar de haber nacido en una familia de clase media acomodada, su padre murió cuando ella tenía ocho años. Esto y su pertenencia a la congregación mariana van a marcar su trayectoria personal, pues fue allí donde empezó a interesarse por la vida misionera. En particular, fueron las historias de los misioneros jesuitas de Bengala lo que más atrapó su atención. Esto hizo que a la edad de 12 años tuviese ya la convicción de querer dedicar su vida a la religión, aunque fue un 15 de agosto de 1928, mientras rezaba en la capilla de la Virgen Negra de Letnice, su lugar de retiro, donde tomó la firme decisión.

Una decisión que la llevó a la abadía de Loreto con la intención de aprender inglés, pues era el idioma que las hermanas de Loreto enseñaban a los niños en la India. Llegó a Calcuta el 6 de enero de 1929 e inició su formación y su itinerario vital y religioso, que culminó tras hacer sus votos de pobreza, castidad y obediencia, el 24 de mayo de 1931. Durante ese tiempo, aparte de su formación espiritual, se dedicó a aprender bengalí y a dar clases en la escuela de Santa Teresa, aunque más tarde será destinada al Colegio de Santa María en Entally, al este de Calcuta. Fue entonces cuando eligió ser llamada Teresa (como su admirada Teresa de Lisieux), culminando su proceso de formación espiritual el 14 de mayo de 1937, cuando hizo sus votos solemnes. Siguió en el colegio del convento de Loreto durante prácticamente 20 años, llegando a ser directora del centro en 1944.

Pero Teresa, aun disfrutando en su función de profesora y directora, no podía dejar de pensar en la pobreza crónica de Calcuta. Hubo dos momentos que la motivaron a pasar a la acción, como ya sabemos: primeramente, la hambruna en Bengala en el año 1943; finalmente, la ola de violencia hindú–musulmana de agosto de 1946. Estos hechos provocarán la «llamada dentro de la llamada».

Para llevar adelante su nueva misión, logró el apoyo financiero de un empresario indio católico y comenzó su tarea casi dos años después (1948) enseñando a leer y buscando modos de sacarlos de la calle. Su implicación e identificación fue tal que adoptó la ciudadanía india (1950) y pidió formación sanitaria a las Hermanas Misioneras Médicas de Norteamérica (en Patna, durante tres meses), hasta que se sintió preparada para asentarse en los barrios más pobres.

Educación, sanidad y comida fueron los objetivos perseguidos. Por eso fundó una escuela (en Motijhil, Calcuta) y un lugar para poder cobijar a personas indigentes y hambrientas. Su tarea casi solitaria comenzó a ser conocida y poco después, a comienzos de 1949, se le unieron un grupo de mujeres jóvenes. Comenzaba la andadura de lo que, con el tiempo, será una comunidad religiosa cuya misión será ayudar a las personas pobres entre las pobres. Pero llegar hasta esta situación no fue fácil. Teresa relata en su diario dudas, soledad, tentación de volver a la comodidad del convento, especialmente durante los primeros meses de «misión».

Pero la vocación y la tarea autoimpuesta tiran de ella sin remedio. Así que sigue su compromiso y lo profundiza, de modo que el 7 de octubre de 1950 la Santa Sede le autoriza a inaugurar su nueva congregación, las Misioneras de la Caridad, dedicadas a cuidar a las personas hambrientas, las desnudas, las que no tienen hogar, las lisiadas, las ciegas, las leprosas..., toda esa gente que se siente inútil, no amada, o desprotegida por la sociedad, gente que se ha convertido en una carga y que son rechazadas por todo el mundo..., según las propias palabras de Teresa. La congregación pasó de 13 miembros a más de 4.000, y a tener centros en muchas ciudades de todo el mundo. En 1952 abrieron el primer hogar de las personas moribundas, de especial importancia en un lugar donde la muerte en la calle, en soledad, era habitual.

Para el año 1996, Teresa regentaba ya 517 misiones en más de 100 países. Hoy en día la congregación colabora en más de 450 centros de todo el mundo.

Teresa murió de un ataque al corazón el 5 de septiembre de 1997, a los 87 años. En los últimos años de su vida recibió varias críticas por su posición conservadora. Seguramente fuese ese carácter conservador la que le impidió que avanzase en la petición de cambios en la estructura social que genera pobreza y no solo en la atención a las pobres que esa misma estructura genera.

2. Legado

Motivo: por su trabajo para llevar ayuda a la humanidad que sufre.
Palabras clave: moribundas, vulnerables, hambrientas, Dios, pobreza, vocación, llamada.

«Quiero que encuentren a los pobres aquí antes que en ningún otro sitio, en su propia casa. Y comenzar a amar allí. Sean la buena noticia para su propia gente. Y entérense sobre la situación del vecino de su casa –¿Saben quiénes son? Tuve una experiencia extraordinaria con una familia hindú que tenía ocho hijos. Un caballero vino a nuestra casa y dijo: Madre Teresa, hay una familia con ocho hijos, no han comido desde hace tiempo, por favor haga algo. Así que tomé algo de arroz y fui inmediatamente. Y vi a los niños y sus ojos brillaban de hambre–; no sé si alguna vez han visto el hambre. Pero yo la he visto muy a menudo».

(Teresa de Calcuta, discurso de aceptación del Premio Nobel de la Paz de 1979)

3. Claves del discurso

Comienza Teresa de Calcuta recordando la importancia de la oración que compuso San Francisco de Asís. Su discurso fue eminentemente religioso (católico).

Tras llamar la atención sobre Francisco de Asís, sostuvo una idea muy importante: «Hemos sido creados para vivir en esa paz», en la paz de la fraternidad, de la justicia. La paz que ella entiende que transmite Francisco de Asís, tanto en sus escritos como, sobre todo, en su vida...

Siguiendo –como he subrayado– un alineamiento religioso en todo su discurso, recurre a Dios para fomentar la paz y la solidaridad, especialmente para con los más desfavorecidos. Por eso recuerda que «Él murió en la cruz para mostrar un amor superior, y murió por ti y por mí y por ese leproso y por ese hombre muriendo de hambre y aquella otra persona desnuda yaciendo en la calle, no sólo de Calcuta, sino de África, Nueva York, Londres y Oslo –e insistió en que nos amáramos los unos a los otros como Él nos ama a cada uno de nosotros».

Teresa sabe que hay oyentes no creyentes en la sala. Pero también creyentes que quizás necesiten un «empujón solidario». Por ello pregunta: «¿Cómo puedes amar a un Dios al que no ves, si no amas a tu prójimo al que sí ves, al que sí tocas y con el que vives?».

Buena parte de su discurso lo vuelca en la defensa de la vida y contra el aborto. En el caso del aborto, no hace ningún tipo de distinciones (causas del embarazo, tiempo del embrión o del feto, etc.). Hace Teresa una acusación durísima, con la que que tendrás que valorar si estás o no de acuerdo: «Creo que el mayor destructor de la paz hoy es el aborto, porque es una guerra directa, un asesinato directo por la madre misma».

Tras esa declaración contra el aborto, al que considera uno de los grandes males del siglo XX, reorienta su discurso hacia otras cuestiones que vive día a día, como el caso del hogar de ancianos al que visitó. Se trataba de una residencia en donde las personas residentes, ancianas tenían de todo, pero Teresa observó que «todos miraban hacia la puerta. Y no vi una pobre sonrisa en sus rostros». ¿Cómo puede ser? ¿Por qué no sonríen? Asegura Teresa que está «tan acostumbrada a ver una sonrisa en nuestra gente, pues incluso los moribundos sonríen», que no entiende esa tristeza en un hogar rodeada de «cosas maravillosas». Pronto descubre la razón: están a la espera de la visita de un hijo o hija…, que no vendrá a verlos. «Están heridos porque están olvidados, y mire –es aquí donde se muestra el amor–. Esa pobreza es la que se vive en nuestros propios hogares, es ahí donde se da la negligencia del amor».

De la negligencia del amor a la sabiduría del amor. Para ilustrarlo, recuerda «el caso de un hombre a quien recogimos del desagüe, medio comido por gusanos, y al que llevamos a casa. "He vivido como un animal en la calle, pero voy a morir como un ángel, amado y cuidado". Y fue maravilloso ver la grandeza de aquel hombre que podía hablar así, que podía morir así, sin culpar a nadie, sin maldecir a nadie, sin compararse con nadie. Como un ángel, esta es la grandeza de nuestra gente. Y es por eso por lo que creemos lo que Jesús había dicho: "Yo tuve hambre, estaba desnudo, estaba en la calle –no fui deseado, no fui amado, nadie se ocupó de mí– y a mí me lo hicisteis"».

4.¡Indignaos!
Para pararse a pensar

La India, como tantos otros países, no es un país pobre, sin recursos, pero en ella existen millones de personas absolutamente empobrecidas. ¿Por qué? ¿Tienen que ver las castas con ello? ¿La justicia social y el reparto justo de riqueza?

Para indignarse

¿Qué es la mendicidad obligada? ¿Por qué, habiendo alimento para todas las personas del mundo, encontramos que en la India (como en tantas otras partes del mundo), hay niños y niñas hambrientos? Según informa la ONU, hay en la India 25,5 millones de niños menores de 5 años con bajo peso para su estatura y 46,6 millones con una estatura baja respecto a su edad (ambos signos evidentes de malnutrición).

Mercado nuevo de Kolkata, Oeste de Bengala, India.
(Valerie Armstrong/Alamy Stock Photo)

VII/1982
Alva Relmer Myrdal

Una mujer joven, sentada en su escritorio, reflexiona sobre la miseria y las personas vulnerables quienes, aparte de su situación social, no pueden proyectarse en su libertad individual, porque lo social condiciona lo individual y al revés. ¿Cómo lograr que la promoción personal no dependa de la situación social (las ventajas que se tienen al nacer en una familia rica y las dificultades que se tienen al nacer en una familia pobre)? ¿Cómo lograr que las personas vulnerables puedan tener las mismas condiciones de acceso a la universidad, a la sanidad, a un salario digno, etc.? Esta mujer, junto con un colega, Gunnar Myrdal (que también es su marido), está a punto de dar con algunas medidas y estrategias socioeconómicas y de justicia social que sentarán la base del estado de bienestar, tan necesario para crear las condiciones sociales de libertad individual y promoción personal. El libro en que esto aparecerá escrito es Crisis in the Population Question.

1. Itinerario vital

Esta joven mujer se llama Alva Relmer Myrdal, que nace en Upsala el 31 de enero de 1902 y muere en Estocolmo el 1 de febrero de 1986. Le concederán el premio Nobel de la Paz en 1982.

Como he mencionado, Alva es coautora de *Crisis in the Population Question*, obra en la que se muestra que las reformas sociales son necesarias para permitir la libertad individual (sobre todo de las mujeres). Se trata de un libro y de una mujer que sientan las bases del Estado de bienestar. De hecho, se considera que Alva hizo una importante contribución en los años 30 al trabajo de promoción del bienestar social. Una muestra de ello es que propone muchas reformas sociales novedosas, de entre las que se cuentan la búsqueda de la paz y la resolución pacífica de los conflictos.

Estas ideas, defendidas junto a Gunnar, la llevan a ser considerada un importante miembro del Partido Socialdemócrata Sueco, así como a dirigir las políticas de bienestar en 1949.

Hay que decir que la Segunda Guerra Mundial le impactó enormemente. De hecho, fue a partir de ahí que dedicó cada vez más tiempo y energía a las cuestiones internacionales, porque entendía que la resolución pacífica de los conflictos y la evitación de las guerras pasaba por la internacionalización. Fruto de esas ideas y de su enorme trabajo, en 1949–1950 dirigió la sección de la ONU que se ocupaba de la política de bienestar, y en 1950–1955 fue presidenta de la sección de Ciencias Sociales de la UNESCO. Es, con ello, la primera mujer en ocupar un alto cargo en la ONU.

En 1962 fue nombrada representante de Suecia en la Conferencia de Desarme de Ginebra, año en que también fue elegida miembro del Parlamento. Pero será a partir de 1967, siendo miembro del Gabinete, cuando enfocó su esfuerzo de forma definitiva en el desarme mundial, primero como encargo oficial del Parlamento, que le confió la tarea especial de promover el desarme, y después ya como misión personal. Desde hace varios años representa a su país en el comité político de la ONU, en el que se tratan cuestiones de desarme.

Dicen los que trataron con ella que en su trabajo por el desarme Alva ha combinado un profundo compromiso con una gran visión profesional. Tuvo, desde luego, que adquirir conocimientos que no poseía sobre cuestiones armamentísticas, cosa que logró sobradamente con el apoyo de expertos en los aspectos científicos y técnicos de la carrera armamentista. Este esfuerzo intelectual le mereció su participación en calidad de experta en en el establecimiento del Instituto Internacional de Investigación para la Paz de Estocolmo, SIPRI. De hecho, Alva ha escrito numerosos artículos y libros y, tanto desde ellos como por su capacidad y compromiso, ha ejercido una enorme influencia en el debate actual sobre el desarme.

De todos modos, no puedo dejar de señalar también que, a pesar de su optimismo, empeño y profesionalidad, a la que añade su conocimiento último por estar en primera fila durante las negociaciones de Ginebra, no puede más que confesar su decepción, que recoge en el libro *El juego del desarme*, sobre todo por la renuncia de los EE.UU. y la URSS a desarmarse. Hoy, ante la guerra de Ucrania–Rusia, vuelve a primera fila de la preocupación mundial el posible uso de armas nucleares.

En fin, su camino hacia el Nobel comienza sobre 1962, cuando empieza a destacar definitivamente en la lucha en favor del desarme mundial, entra en el parlamento sueco y es enviada, en calidad de delegada, a la conferencia sobre desarme en Ginebra, función que desempeña encomiablemente hasta 1973. Precisamente por esta labor es considerada y galardonada en 1982 con el Premio Nobel de la Paz, que compartió con Alfonso García Robles.

2. Legado

Motivo: por su trabajo en favor del desarme y las zonas libres de armas nucleares.

Palabras clave: desarme, armas nucleares, exterminio, tecnología, prevención, escalada violenta, *idiotas*.

> «En términos generales, el mundo está tomando un rumbo cada vez más devastador hacia el absurdo objetivo del exterminio —o mejor dicho, para ser más exactos— de las ciudades, los campos y las personas del hemisferio norte que han desarrollado nuestra civilización.
> La situación angustiosa de nuestra época, que recuerda el destino que se apoderó de Roma, surge de un error claramente irremediable, a saber, que el uso de las armas, de la violencia, puede conducir a la victoria.
> ¿Cómo sería posible, incluso con un gasto inmenso, inaugurar una existencia nueva y feliz para el mundo sobre las ruinas de una que estaría al menos medio destruida? La idea errónea de que una victoria puede valer su precio se ha convertido en la era nuclear en una total ilusión.
> No hay duda de que lo que las superpotencias están planeando ahora, y en lo que están invirtiendo miles de millones, es precisamente la preparación para librar una guerra. Los nuevos sistemas de armas supertecnológicas comprometidos al servicio de nuevas estrategias apuntan ahora abiertamente a librar la guerra y a una "victoria" imaginada».

(Alva Relmer, Discurso de aceptación del Premio Nobel de la Paz de 1982, con el título «Desarme, tecnología y crecimiento de la violencia»).

3. Claves del discurso

El tema de su discurso no solo se centrará en el tema general del desarme, sino que dirige su reflexión hacia la conexión entre el armamento y la avalancha de tecnología y el aumento de la violencia, pues en esa ecuación queda constatada claramente «el pisoteo de la dignidad y los derechos humanos, el aumento de los actos de violencia y el uso de la tortura», lo que «atestigua una increíble persistencia en el desprecio por el sufrimiento de hombres y mujeres individuales».

Al igual que otras premio Nobel, Alva parte de un principio antropológico optimista, a saber, el que sostiene que el anhelo de paz está arraigado en el corazón de todos los hombres y de todas las mujeres. Pero esa paz queda lejos de la realidad que vivimos ya que rodeados de violencia, de guerra o de su amenaza, el deseo de paz no parece poder satisfacerse, no al menos de forma inmediata.

Alva reconoce esas dificultades, y por eso invita a hacer un camino lento pero imparable hacia la consecución del desarme y de la paz. Así, no apunta hacia «la paz eterna o (que) resuelva todas las disputas entre las naciones. Las raíces económicas y políticas de los conflictos son demasiado fuertes. Tampoco (se) puede pretender crear un estado duradero de entendimiento armonioso entre los hombres. Nuestro objetivo inmediato debe ser más modesto como es apuntar a prevenir lo que, en la situación actual, es la mayor amenaza a la supervivencia misma de la humanidad: la amenaza de las armas nucleares». Más valor tiene su preocupación cuando resulta que tanto ella como Alfonso García Robles (la otra persona galardonada) eran ciudadanas de naciones desnuclearizadas y no aliadas.

En fin, han pasado más de 40 años y aún estamos viviendo esa amenaza. La guerra de Rusia contra Ucrania nos lo recuerda cada día desde el 24 de febrero de 2022. También la de Israel contra Palestina, el 7 de octubre de 2023... Y así sigue en el momento en que escribo estas reflexiones.

El esfuerzo de Alva, con un nivel de concreción suficiente para poder conseguirse, ha consistido en presentar muchas propuestas concretas y elaboradas para la desnuclearización, que han tenido cierto éxito, aunque más raramente en cuestiones importantes. Una de las propuestas de éxito fue conseguir que el presupuesto del gobierno sueco cubriese los costes del SIPRI (Instituto Sueco Internacional de Investigación para la Paz), así como de la menos conocida estación sismológica de Hagfors, que permite controlar de forma independiente y sistemática incluso los ensayos nucleares subterráneos más pequeños, de modo que puedan denunciarlo a nivel internacional, sin ningún obstáculo de consideraciones políticas.

Tratando de ir más allá, también anuncia que va consiguiendo consolidar una red internacional para la verificación abierta de las explosiones de ensayos nucleares, en ciertos momentos con peligrosa frecuencia. No se trata solo de evitar este tipo de ensayos tan dañinos para la naturaleza y para una futura guerra nuclear, sino que permite inicialmente «refutar objetivamente muchos de los intentos de las potencias nucleares de ocultar o dar explicaciones falsas de los hechos reales. O al menos sus intentos de retrasar la revelación de la verdad». El descubrimiento de estas acciones se torna vital para el progreso hacia la paz. Necesitamos descubrir, que es lo mismo que saber la verdad.

Aquí vemos reflejado una especie de David contra Goliat, pero sabemos cómo acaba la historia bíblica, por lo que la esperanza está viva. Todavía hoy, en el año 2024, lo está. Tanto como el peligro de que se torne una realidad.

No olvidemos que, en caso de guerra, lo que se generará será una victoria imaginaria, porque todos perderemos. Como decía Aute, el cantautor, la guerra que vendrá será la más idiota de todas las guerras que hubo y habrá.

Debes saber que esa guerra exterminadora e idiota es posible –destructivamente hablando– desde 1960. Desde esa fecha, las grandes potencias sabían que podían asestar un golpe decisivo a sus territorios continentales respectivos. En aquel momento existía el llamado «equilibrio del terror», que es que las dos grandes potencias tenían capacidad «suficiente» para disuadirse mutuamente de lanzar un ataque nuclear.

En su reflexión, Alva llama la atención sobre un hecho que, si no fuera porque nos jugamos la vida en el planeta (y no solo la humana), haría sonrojar por la simpleza a cualquier alumno/a de 1º de ESO: «Se ha hablado y escrito mucho –dice Alva– sobre lo que constituye un equilibrio suficiente y lo que realmente se entiende por los conceptos de "equilibrio" y "disuasión". Y a pesar de que los expertos han revelado cuál es la simple verdad, surgen y proliferan conceptos erróneos: la idea de que se necesita más cuando ya se tiene más que suficiente».

Entonces, si el argumento es que cuando uno tiene suficiente (y lo tiene), no necesita más, la conclusión no puede ser otra: «Estamos locos». Alva lo dirá en su discurso de 1982, pero podemos decirlo ahora, en 2024: la rivalidad entre las dos superpotencias es terriblemente realista. Justo ahora el proceso en curso está pasando de la disuasión a la capacidad de librar una guerra real. Dice *The Washington Post* del 13 de abril de 1982: «Hace mucho tiempo se llegó a un punto en el que tanto Estados Unidos como la Unión Soviética tenían arsenales tan monstruosos que aumentarlos más ya no tenía sentido. Han sido 37 años de locura, de idiotas compitiendo contra imbéciles, de naciones civilizadas tambaleándose ciegamente hacia una línea final de peligro indescriptible. La necesidad inmediata es convocar una tregua para detener la acumulación de armas nucleares por ambas partes».

¿Cómo se explica esta deriva por parte de la ciudadanía, que no protesta ante arsenales nucleares que nos aniquilarían a todas y todos? Solo cabe pensar en Hiroshima y Nagasaki.

Pues bien, Alva aporta dos razones sencillas de entender, pero muy alarmantes, ambas basándose en informes médicos: de un lado, hay seres humanos que, ante la amenaza de las armas nucleares, reaccionan simplemente cerrando los ojos, siendo esta es la actitud del hombre y la mujer «común y corriente»; de otro lado, tenemos al hombre o la mujer que entran en una especie de paranoia, una especie de ridícula paranoia nacionalista, una manía persecutoria que hace que magnifiquen al enemigo, exagerando la amenaza que representa y persuadiendo al resto de que es «el enemigo absoluto», que está listo para devorarlos, con lo que la conclusión se le hace evidente y es que se necesitan más armamentos... Pero esto es una locura cuando sabemos que ambas superpotencias ya tienen mucho más que «suficiente».

En la segunda parte de su discurso, Alva afronta la cuestión de la relación entre la tecnología y la violencia. Afirma que «la época en que vivimos solo puede caracterizarse como una época de barbarie. Nuestra civilización está en proceso no solo de ser militarizada, sino también brutalizada». Esto último proviene de su denuncia anterior de que la rivalidad existente a nivel tecnológico, precisamente para lograr mejor armamento, va en contra de toda cooperación. Dicho de otro modo, en vez de cooperar y buscar mejorar la situación de la humanidad a través de la tecnología (en cuestiones médicas, de comunicación, etc.), vamos por el camino de la rivalidad, que es la que nos lleva a una «época de barbarie y brutalización» sin precedentes.

Lo peor es que este uso maligno de la tecnología procede, piensa Alva, de no haber tomado «una decisión de forma totalmente consciente ni saber gestionar las considerables consecuencias». De hecho, una de esas consecuencias es lo que hoy llamaríamos cultura de la violencia. Alva se refiere a ella como «el culto a la violencia (que) ha permeado hasta tal punto las relaciones entre los individuos humanos que nos vemos obligados a presenciar un aumento de la violencia cotidiana, la violencia en las calles y en los hogares». Y hace un juicio de gran trascendencia: «Estos son los modelos que establecemos para nuestros jóvenes. No sucede simplemente».

Pero Alva es optimista, no solo porque entiende que la tecnología también tiene una vertiente positiva, sino porque cree que se puede lograr una relación entre la tecnología y la paz. Y hace esta observación singular: «Me gustaría mencionar a Nobel, un hombre que quizás mejor que nadie simboliza la naturaleza de dos filos de la tecnología. Nobel era un auténtico amigo de la paz. Llegó incluso a creer que había inventado una herramienta de destrucción, la dinamita, que haría la guerra tan absurda que la haría imposible. Estaba equivocado». Pero el mismo A. Nobel, en su testamento, indicó un camino para lograrlo, camino que hoy en día se va recorriendo, aún sin gran éxito (todavía).

4. ¡Indignaos!

Para pararse a pensar

¿Eres de las personas que cierran los ojos, de las de la paranoia o… de las que, como Alva, abre bien los ojos y sin complejos persecutorios constatan la estupidez y peligro total y real en que las armas nucleares, gestionadas por unas pocas personas, nos mantienen? Esas armas, elevadas a la enésima potencia desde que Alva escribió su discurso en la entrega del Nobel de 1982, siguen ahí. Y esas personas también… La catástrofe sería casi inconcebible. Puedes ver imágenes de Hiroshima y de Nagasaki, o bien leer libros como *La carretera*, de Cormac McCartthy.

Para indignarse

Miles de millones de euros gastados, cada año, en la carrera armamentística… y unos pocos cientos para crear y fortalecer los mecanismos para mantener la paz (educación para la paz, congresos sobre la paz y resolución pacífica de conflictos, etc.). Y eso, además, con tu dinero (o, si no tienes nómina todavía, cuando la tengas), a través de impuestos. ¿Estás de acuerdo? ¿Te parece lógico? ¿Cuántas cosas positivas y justas se podrían lograr con ese dinero destinado a armamento, ese que aniquila, ese que es capaz de reventar el planeta Tierra de una sola vez? ¿Te parecen, en fin, suficientes motivos para indignarte y hacer algo?

La bomba atómica "Fat Man", lanzada el 9 de agosto de 1945 sobre Nagasaki, Japón.
(Los Alamos Scientific Laboratory via AFP)

La ciudad de Nagasaki, después de la bomba atómica del 9 de agosto de 1945. (AFP)

VIII/1991
Aung San Suu Kyi

Un día cualquiera del año 2021, una mujer reflexiona, sentada en un sillón, sobre el día y la decisión que de joven cambió su vida para siempre. Con los ojos cerrados, retorna a aquel momento de 1988, cuando decidió regresar a Birmania para atender a su madre, convaleciente. Llegaba cargada de conocimientos y de libertad, dado su brillante paso por la universidad de un país del rico y próspero Occidente. En cambio, su Birmania seguía estancada en todos los niveles: educación, ciencia, democracia... No podía quedarse de brazos cruzados y entendió que cuidar a su madre implicaba también sacar tiempo para cuidar a su país. Y se puso en acción.

Recuerda ahora nítidamente sus primeros pasos para acabar implicándose, y de qué manera, en el movimiento en pro de la democracia, que también llegó a liderar más tarde. Aquello cambió, ciertamente, su vida. Aquel día tomó la nada fácil decisión de abandonar su cómoda vida occidental y quedarse para ayudar a fundar y consolidar la Liga Nacional para la Democracia. Fue un 21 de septiembre de 1988. No pasó ni un año y su liderazgo y popularidad le pasaron factura personal: el 20 de julio de 1989 la condenaron a arresto domiciliario, el primero de una larga lista. Fue una medida de presión para librarse de ella. De hecho, le ofrecieron ser liberada si se comprometía a dejar el país. Se negó en redondo.

Aung San Suu Kyi es el nombre de esta mujer birmana, que nació en Rangún el 19 de junio de 1945. Le fue concedido el Nobel de la Paz en 1991.

1. Itinerario vital

La infancia de nuestra protagonista está marcada por el asesinato de su padre cuando ella tenía dos años. A ello había que añadir la muerte de uno de sus dos hermanos a la temprana edad de 8 años.

En 1960, a la edad de 15 años viaja y vive en India y Nepal al ser su madre, Khin Kyi, nombrada embajadora de ambos lugares. Es una joven aplicada, que destacaba en los estudios. De hecho, puede seguir estudios universitarios y se gradúa en Ciencias Políticas; más tarde realiza estudios de Filosofía. Vivió en Nueva York y en Londres, donde se asentó durante muchos años.

El Gobierno birmano la detuvo y la mantuvo prisionera porque la veía como alguien "capaz de quebrantar la paz y estabilidad común" de su país, de modo que se le aplicaron los artículos 10(a) y 10(b) del «Acta de Protección Estatal» de 1975 (que daba poder del Gobierno para encarcelar gente hasta por cinco años sin juicio) y también la sección 22 de la "Ley de Seguridad de Estado en contra de los peligros de quienes desean cometer actos subversivos". Esas fueron las leyes en que se basaron para su arresto domiciliario.

Un arresto domiciliario que le imposibilitó no solo seguir con sus actividades políticas de forma notoria, sino ver a sus familiares. A su marido, Aris, quien residía en Londres con sus dos hijos, lo pudo ver por última vez en la Navidad de 1995, dado que el dictador birmano le denegó cualquier visado de entrada a partir de entonces (Aris moriría pocos años después). Su arresto domiciliario se complicó cuando, en mayo de 2008, un ciclón (el Nargis) golpeó Birmania y la casa de Suu Kyi se vino abajo (perdió el techo y la red eléctrica), lo que precarizó su situación de arresto.

Pero resistió. Resistió hasta que el 13 de noviembre de 2010 se le levantó el primero de sus arrestos, justo unos días antes de que el Partido por el Desarrollo y la Unión Solidaria ganara las elecciones celebradas después de una larga pausa de 20 años. Fue entonces cuando la junta militar, finalmente, accedió a firmar la orden para permitir la liberación de Suu Kyi y su arresto domiciliario llegó a su fin. Solo entonces pudo, por fin, ver a sus hijos, ya entrado el 2011.

En total, Suu Kyi permanecería bajo arresto domiciliario en Birmania casi 15 de los 21 años que transcurrieron desde el 20 de julio de 1989 hasta el 13 de noviembre de 2010. Ese arresto, más allá de los efectos personales, la convirtió en una de las más conocidas prisioneras políticas mundiales. No fue fácil. Decidió sacrificar una vida con su esposo y sus dos hijos para permanecer con su gente. Sabía que esa decisión suya significaba uno de los mayores sacrificios para toda persona, para toda madre, dejar de ver a sus hijos; pero a esa renuncia la sostenía en pie su misión de mejorar la vida de la ciudadanía birmana, pues era muy consciente de que su popularidad era una de las pocas oportunidades de lograrlo. Además, era consciente de que otras personas habían tenido que renunciar incluso a más cosas que ella, incluidos los que permanecían en prisión (unos 2100), quienes no solo sufrían físicamente sino, lo que era peor, también por el hecho de que sus familias se encontraban desprotegidas. Ella tenía el pequeño consuelo de saber que su familia estaba a salvo en Londres.

Su historial de detenciones es larguísimo: la primera, como sabemos, data del 20 de julio de 1989 y se alargó tres años; la segunda, el 10 de julio de 1995; detenida, de nuevo, el 23 de septiembre de 2000; la cuarta vez fue el 6 de mayo de 2002 y por 19 meses; de nuevo en el mes mayo, pero el 30 de ese mismo mes ya de 2003 (tras la masacre de Depayin, en que fue mantenida en detención secreta por más de tres meses antes de devolverla a su arresto domiciliario); de nuevo en mayo, el 25 de 2007, cuyo tiempo se prolongó por un año, a pesar de la intervención de Kofi Annan, por entonces secretario general de la ONU; vuelve a ser arrestada el 24 de octubre de 2007, y el 27 de mayo de 2008, arresto que se extendió por otro año; el 11 de agosto de 2009 fue de nuevo arrestada, esta vez por 18 meses; finalmente, el 31 de enero de 2021 vuelve a ser arrestada durante el golpe de estado del Ejército liderado por Min Aung Hlaing, tras el arrollador triunfo electoral obtenido por su partido en las elecciones generales de noviembre de 2020. Así sigue… La última noticia que tenemos a día de hoy es que la junta militar de Birmania anunció en abril de este mismo año 2024 que Aung San Suu Kyi había pasado de la prisión donde estaba, Naipyidó, en la que llevaba tres años, a un arresto domiciliario. Parece que el motivo fueron las altas temperaturas de la zona (que rondan los 46 grados). Aung San tiene ahora 78 años.

Sin embargo, a pesar de este historial de lucha y detenciones, nuestra protagonista se ha visto cuestionada debido a su inacción e incluso a la actitud negacionista que pareció mantener en relación a la limpieza étnica de los rohinyá, una minoría musulmana en la región occidental del país. De hecho, tres Nobel de la Paz, Tawakkol Karman, Mairead Maguire y Shirin Ebadi, la han puesto en cuestión tras visitar los campos de refugiados de Bangladesh.

Sea como fuere, Aung San sigue siendo, con o sin errores, una activista que sigue la filosofía de la no violencia de Gandhi y que, de hecho, realizó prácticas budistas pacíficas a pesar de estar bajo arresto domiciliario y sufrir de la persecución política que conocemos, y por la que le fue concedido el Nobel de la Paz en 1991 motivado por su constatada lucha no violenta por la democracia y los derechos humanos.

Como anécdota, cabe referir que el cantante de U2, Bono, escribió la canción *Walk On* en tributo a Suu Kyi, y publicaron su situación durante el U2 360º Tour, 2009–2011. También el saxofonista Wayne Shorter compuso una canción titulada, precisamente, *Aung San Suu Kyi* (que apareció en su álbum *1+1* y el álbum *Footprints Live!*).

2. Legado

Motivo: por sus incansables esfuerzos y para mostrar su apoyo a tantas personas en todo el mundo que luchan por lograr la democracia, los derechos humanos y la conciliación étnica por medios pacíficos.

Palabras clave: refugiado, presa de conciencia, arresto domiciliario, *nyein–chan*, *duhkha*, fatiga de compasión, cárcel.

«A menudo, durante mis días de arresto domiciliario, sentí como si ya no fuera parte del mundo real. Estaba la casa que era mi mundo, estaba el mundo de otros que tampoco eran libres pero que estaban juntos en prisión como comunidad, y estaba el mundo de los libres; cada uno era un planeta diferente que seguía su propio curso en un universo indiferente. Lo que hizo el Premio Nobel de la Paz fue atraerme una vez más al mundo de otros seres humanos fuera del área aislada en la que vivía, para devolverme un sentido de realidad. Esto no ocurrió instantáneamente, por supuesto, pero como con el paso de los días y los meses y las noticias sobre las reacciones al premio llegaron a las ondas, comencé a comprender el significado del Premio Nobel. Me había hecho real una vez más; me había devuelto a la comunidad humana más amplia. Y lo que es más importante, el Premio Nobel llamó la atención del mundo sobre la lucha por la democracia y los derechos humanos en Birmania. No íbamos a ser olvidados».

(Aung San Suu Kyi, Discurso de aceptación del Premio Nobel de la Paz de 1991)

3. Claves del discurso

Aung San Suu Kyi comienza su discurso, tras agradecer la concesión del premio, con su descripción de la vuelta al mundo de otros desde su mundo de arresto domiciliario, vuelta que pondría sobre la actualidad la realidad de su lucha: la libertad y la democracia en su país, Birmania, lucha por la cual sufrió varios arrestos y privaciones. De hecho, lo expresa afirmando que «cuando el Comité Nobel me otorgó el Premio de la Paz reconocía que los oprimidos y los aislados en Birmania también eran parte del mundo, reconocían la unidad de la humanidad. Así que, para mí, recibir el Premio Nobel de la Paz significa personalmente extender mi preocupación por la democracia y los derechos humanos más allá de las fronteras nacionales. El Premio Nobel de la Paz abrió una puerta en mi corazón».

Lo que me gustaría destacar de su discurso es un concepto birmano poco conocido, *nyein–chan*. Literalmente, *nyein–chan* se traduce como «el frescor beneficioso que se produce cuando se apaga un fuego», pero aplicado a la situación que denuncia nuestra protagonista puede interpretarse *como felicidad que surge del cese de factores que militan contra lo armonioso y lo saludable.*

Esa es la situación de Birmania, pero también de muchos otros países. Por eso dice Aung San Suu Kyi que «los fuegos del sufrimiento y la lucha arden en todo el mundo (…). Abundan las noticias de atrocidades en otros rincones de la Tierra. Informes sobre hambre, enfermedades, desplazamientos, desempleo, pobreza, injusticia, discriminación, prejuicios, intolerancia; estos son nuestro alimento diario. En todas partes hay fuerzas negativas que corroen los cimientos de la paz. En todas partes se puede encontrar un despilfarro irreflexivo de los recursos materiales y humanos necesarios para la conservación de la armonía y la felicidad en nuestro mundo».

Esto, en realidad, lo sabemos todas las personas. Pero lo sabemos de forma sonámbula, porque esa realidad o bien nos queda lejos (en otro país, en otro tiempo) o bien porque no nos detenemos realmente a reflexionar sobre ese sufrimiento, sobre esa ausencia de *nyein–chan* en tantos y tantos lugares, para tantas y tantas personas.

Pensando en la guerra, en cualquier guerra, ella se dirige a ti y te dice: «La juventud, el amor y la vida perecen para siempre en intentos sin sentido de capturar lugares sin nombre y no recordados. ¿Y para qué? Casi un siglo después, todavía tenemos que encontrar una respuesta satisfactoria»… En eso consiste la guerra, en un sinsentido terrible. ¿Quién la promueve? ¿Para qué? ¿Hay vencedora o todas perdemos?

Pero, nos advierte, «la guerra no es el único ámbito en el que la paz desaparece. Dondequiera que se ignore el sufrimiento, habrá semillas de conflicto, porque el sufrimiento degrada, amarga y enfurece». Y aquí, de nuevo, aparece el esquema fundamental en teoría de la paz: hay una paz negativa que es ausencia de guerra, y hay una paz positiva que es desarrollo de los derechos humanos; dicho en negativo, hay ausencia de paz no solo cuando hay guerra, sino cuando no se promocionan los derechos humanos o, lo que es igual, donde hay sufrimiento evitable. Esta es la lección clave para dejar el sonambulismo y reaccionar. Por eso, en cada texto de los que leemos, hay un mensaje clave subliminal: ¡Despierta! ¡Sal del aturdimiento que permite el despliegue del mal!

En su discurso en Oslo, Aung San Suu Kyi nos ofrece una enseñanza budista de gran valor, el sentido y significado de *dhukha*, que puede traducirse por sufrimiento. Cuenta que fue solo durante sus años de arresto domiciliario cuando se interesó por la naturaleza del *dhukha*, y los seis existentes, a saber: ser concebido, envejecer, enfermar, morir, separarse de aquellos a quienes ama, verse obligado a vivir en proximidad con aquellos a quienes no ama. Examinó cada uno de ellos, pero confiesa que de los seis se interesó especialmente por los dos últimos: estar separado de aquellos a quienes uno ama y verse obligado a vivir en proximidad con aquellos a quienes no ama. «Pensé en prisioneros y refugiados, en trabajadores migrantes y víctimas de la trata de personas, en esa gran masa de desarraigados de la Tierra que han sido arrancados de sus hogares, separados de sus familias y amigos, obligados a vivir sus vidas entre extraños que no siempre son acogedores».

Este *dhukha* se identifica con la línea de flotación de su actividad, de su interés por las personas encarceladas, exiliadas, por los refugiados y los migrantes, en fin, por los desarraigados y expulsados del calor del hogar debido a la guerra, al hambre, a las persecuciones ideológicas, etc., situaciones dolientes que son de candente actualidad.

Si preguntásemos a nuestra protagonista por qué lucha por los derechos humanos en Birmania, nos contestaría apelando a los derechos humanos, en particular a estos dos fragmentos del Preámbulo, de los que confiesa que ha sacado fuerzas de flaqueza para seguir adelante en su rebeldía: de un lado, cuando se dice que el desprecio por los derechos humanos han dado lugar a actos bárbaros que han ultrajado la conciencia de la humanidad, pero esperamos el advenimiento de un mundo en el que los seres humanos disfrutarán de libertad de expresión y de creencias y de libertad frente al miedo y la miseria…; de otro lado, cuando afirma que… es esencial para que el ser humano no se vea obligado a recurrir, como último recurso, a la rebelión contra la tiranía y la opresión, pues los derechos humanos deben estar protegidos por el estado de derecho…

En eso consiste su lucha, su rebelión.

Y si le preguntásemos por qué lucha por la democracia en Birmania, es porque cree que las instituciones y prácticas democráticas garantizan los derechos humanos.

Así pues, democracia y derechos humanos van indisolublemente unidos, aunque una no garantiza el pleno desarrollo de los otros, pero sí es su condición necesaria.

En su discurso, vuelve constantemente sobre las presos de conciencia de su país y del resto del mundo que luchan por un mundo mejor. Y advierte: «Es de temer que con la liberación de los detenidos más conocidos, los demás, los desconocidos, caigan en el olvido (…). Por favor, recuérdenlos y hagan todo lo posible para lograr su liberación lo antes posible».

Hacia el final de su discurso nos exhorta a seguir trabajando por la paz, pero de forma realista y consciente, sin perder el rumbo ni la esperanza. Concretamente dice, primeramente, que «la paz absoluta en nuestro mundo es un objetivo inalcanzable. Pero es uno hacia el cual debemos continuar caminando, con los ojos fijos en él como un viajero en un desierto fija sus ojos en la única estrella guía que lo conducirá a la salvación. Incluso si no logramos la paz perfecta en la Tierra, porque la paz perfecta no es de esta Tierra, los esfuerzos comunes para lograr la paz unirán a individuos y naciones en confianza y amistad y ayudarán a que nuestra comunidad humana sea más segura y amable»; por otro lado, por lo que a la esperanza se refiere, usa una expresión de nuevo muy interesante: la «fatiga de compasión».

Cuenta que cuando estuvo en el campo de refugiados de Maela (Tailandia), conoció a personas dedicadas diariamente a aligerar lo más posible la vida de las personas refugiadas (reclusas realmente), a liberarlas en lo posible de las dificultades que les tocaba vivir. Y fue allí donde escucha la expresión "fatiga de los donantes", que se constituía como el mayor temor de los cooperantes. Esta fatiga de los donantes o, como prefiere llamar ella, "fatiga de compasión", empezaba por el miedo a la reducción de la imprescindible financiación para poder cubrir las necesidades básicas de las personas refugiadas. Y se preguntaba, y nos pregunta todavía hoy: ¿Podemos permitirnos el lujo de caer en la fatiga de compasión? ¿Es el costo de satisfacer las necesidades de los refugiados mayor que el costo que resultaría de hacer la vista gorda, indiferente ante su sufrimiento?

Y concluye señalando que nuestro objetivo debería ser crear un mundo libre de desplazados, personas sin hogar y sin esperanza, un mundo en el que todos y cada uno de sus rincones sean un verdadero santuario donde sus habitantes tendrán la libertad y la capacidad de vivir en paz. Cada pensamiento, cada palabra y cada acción que suma a lo positivo y lo saludable es una contribución a la paz. Todas y cada una de nosotras y nosotros somos capaces de hacer tal contribución. Unamos nuestras manos para intentar crear un mundo pacífico donde podamos dormir con seguridad y despertar con felicidad».

¿Cuál será tu contribución? ¿Cuál será tu palabra y tu acción que sumará a lo positivo y saludable? Es hora de tomar partido

4. ¡Indignaos!

Para pararse a pensar

Existen todavía muchos países que tienen en sus cárceles a presas políticas, esto es, a personas encerradas por sus ideas, ideas que normalmente nacen del respeto a los derechos humanos y la necesidad de instaurar un sistema democrático como mejor modo de lograr la paz, tanto en el sentido de ausencia de violencia como de presencia de desarrollo de los derechos humanos. Son decenas de miles.

Para indignarse

Busca la *web* de Amnistía Internacional. Con solo leer alguno de sus artículos, y a poco que estés concienciada, nacerá en ti una sensación de indignación al constatar la situación de las presas políticas… incluso en países con democracia.

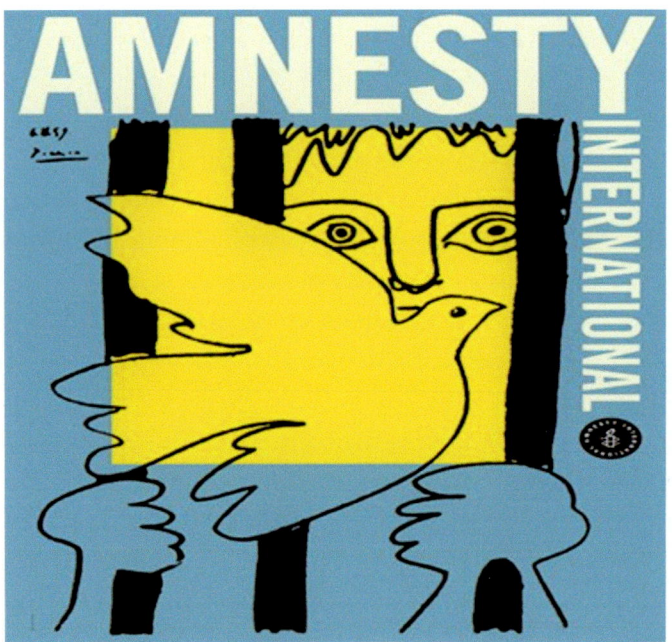

Cartel reivindicativo de Amnistía Internacional

IX/1992
Rigoberta Menchú

Una niña de 5 años está trabajando en una finca de café. Las condiciones de vida son pésimas, tanto que va a causar la muerte de hermanos y amigos. No solo eso, sino que puede ver, con su ojos inocentes, como de la represión de la que fue víctima su comunidad procedía de terratenientes y de miembros del Ejército de Guatemala. Guarda en su retina muchas imágenes violentas, crueles. Así se le va forjando su conciencia, una conciencia que pide, a gritos, justicia. Esa voz llega hasta hoy, y sale de la garganta de aquella niña llamada Ribogerta.

Rigoberta Menchú nace en Uspantán (Guatemala) el 9 de octubre de 1959. Gana el Nobel en 1992 y el Principe de Asturias de Cooperación Nacional en 1998.

1. Itinerario vital

Rigoberta es una líder indígena, activista y miembro del grupo maya quiché, a quien le nació la conciencia desde bien niña. Una conciencia que tiene que ver con el hecho simbólico de que su madre era una indígena partera (tradición transmitida de generación en generación, actividad realizada en zonas rurales donde no llegan los servicios médicos). Una conciencia que llegó a germinar con fuerza porque, desde bien pequeña, conoció las injusticias, discriminación y la explotación a la que son sometidos los indígenas de su tierra, Guatemala, en una pobreza extrema. Ya en esos primeros años de infancia, como tantos otros niños y niñas, tuvo que colaborar en las tareas agrícolas familiares, tanto en la sierra norte donde vivían como en la costa del Pacífico, donde era habitual que tanto adultos como niños fueran a recoger café a las grandes plantaciones.

Vivió de cerca la guerra civil (1962–1996) y sus violencias con tan solo tres años, aunque la violencia estalló años antes. De hecho, la familia Menchú fue acusada de participar en actividades guerrilleras y el padre de Rigoberta, Vicente, fue encarcelado y torturado por presuntamente haber participado en la ejecución de un hacendado local. Tras su liberación, se incorporó al recién fundado Comité de la Unión Campesina (CUC). Fue de nuevo detenido, concretamente el 31 de enero de 1980, junto con su primo Francisco Tum, pero esta vez acabó en tragedia: fueron dos de las 37 personas que la policía nacional de Guatemala quemó vivas con fósforo blanco en el asalto a la embajada española en la ciudad de Guatemala. Otros miembros de su familia, incluida su madre, fueron torturados y asesinados por los militares o por la policía paralela de los «escuadrones de la muerte». Un año antes (1979) su hermano ya había sido arrestado, torturado y asesinado por el ejército. Su madre también murió tras haber sido detenida, torturada y violada. En fin, como ella misma reconoce en su discurso de recepción del Premio: «Yo misma soy viviente de una familia masacrada».

No es extraño que desde joven se involucrara en las luchas reivindicativas de los pueblos indígenas y campesinos, como tampoco lo que es que esta actividad le trajera la persecución política y el exilio. Pero, a diferencia de sus hermanos, quienes optaron por unirse a la guerrilla, Rigoberta tomó la vía pacífica e inició una campaña de denuncia del régimen guatemalteco y de la sistemática violación de los derechos humanos entre los campesinos indígenas, sin olvidar señalar que quienes más sufrían entre todos los sufrientes eran las mujeres indígenas.

Esa vía pacífica la lleva, en 1978, a ser miembro del Comité de Unidad Campesina. Rigoberta se implicó cada vez más. Aprendió español y lenguas mayas, además de su quiché nativo. Un poco más tarde, en 1980, fue una de las promotoras de la huelga que el CUC organizó para exigir mejoras en las condiciones laborales de los agricultores en la costa del Pacífico, llegando a su máxima expresión de compromiso el 1 de mayo de 1981, donde participó como ya gran líder en grandes manifestaciones en la capital. El 31 de enero se unió al Frente Popular, y adoptó la tarea de formar a la población campesina indígena en la resistencia activa a la opresión militar. Debido a estas actividades, ese mismo año 1981 tuvo que huir, esconderse y exiliarse finalmente en México.

En el exilio inició una nueva etapa vital, organizando la resistencia en Guatemala desde el extranjero. De hecho, recorrió el mundo con su mensaje y logró ser escuchada en las Naciones Unidas. Hay un hecho clave en esta evolución cuando dio a conocer su historia personal, que también es la de Guatemala, a través de la entrevista que concedió a Elisabeth Burgos Debray, quien hilvanó un libro biográfico que universalizó la situación de Guatemala y la lucha de una mujer excepcional. También ayudó a dar a conocer la situación guatemalteca el documental de 1987, *Cuando tiemblan las montañas* (del que Rigoberta es, por cierto, la narradora), en el que se muestran el sufrimiento, las maldades y las luchas en las que está el pueblo maya. Nuestra protagonista vuelve varias veces a Guatemala, y otras tantas tiene que salir por las amenazas recibidas y el temor a las represalias.

De hecho, en 1988 regresa a Guatemala, protegida por su prestigio internacional, para continuar denunciando las injusticias y avanzar en los derechos humanos. Unos pocos años después, en 1992, le es otorgado el Premio Nobel de la Paz, coincidiendo con la celebración oficial del quinto centenario del descubrimiento de América, un centenario al que Rigoberta se opuso dado que se ignoró la tragedia que aquello supuso para los indígenas americanos. El prestigio del Nobel mejoró todavía más su posición para actuar como mediadora en el proceso de paz entre el Gobierno y la guerrilla. Hoy, nuestra protagonista, sigue su lucha en favor de los derechos de los indígenas y la reconciliación étnica, ya no solo en Guatemala sino en otros muchos pueblos (especialmente del hemisferio occidental).

Todavía tiene bien presente que la persecución sistemática que se hizo en Guatemala se justificó en aras de la seguridad del Estado, forzando así el desplazamiento de un millón de campesinos y muchas otras personas. Fruto de aquella persecución y masacre, hay en Guatemala más de 40.000 viudas. Fue, en fin, en Guatemala donde se inventó –dice Rigoberta en su discurso de recepción del Nobel– la práctica de los desaparecidos políticos como política de Estado.

2. Legado

Motivo: reconocimiento a su trabajo por la justicia social y la reconciliación etno–cultural basada en el respeto de los derechos de los pueblos indígenas.
Palabras clave: indígenas, etnocentrismo, desaparecidos políticos, paramilitares, exilio, guerrilla.

> «Al valorar en todo lo que significa el otorgamiento del Premio Nobel, quiero decir algunas palabras en representación de aquellos que no pueden hacer llegar su voz o son reprimidos por expresarla en forma de opinión, de los marginados, de los discriminados, de los que viven en la pobreza, en la miseria, en las víctimas de la represión y de la violación a los derechos humanos. Sin embargo, ellos que han resistido por siglos no han perdido la conciencia, la determinación, la esperanza (…)
>
> Este Premio Nobel lo interpreto primero como un homenaje a los pueblos indígenas sacrificados y desaparecidos por la aspiración de una vida más justa, libre, de fraternidad y entre los humanos. Los que ya

no están vivos para albergar la esperanza de un cambio de la situación de pobreza y marginación de los indígenas, relegados y desamparados en Guatemala y en todo el continente americano. Reconforta esta creciente atención, aunque llega 500 años tarde, hacia el sufrimiento, la discriminación, la opresión y explotación que nuestros pueblos han sufrido, pero que gracias a su propia cosmovisión y concepción de la vida han logrado y, finalmente, ver perspectivas con promisorias. Cómo, de aquellas raíces que se quisieron erradicar, germinan ahora con pujanza, esperanzas y representaciones para el futuro».

(Rigoberta Menchú, discurso de aceptación del Premio Nobel de la Paz de 1992)

3. Claves del discurso

Rigoberta inicia su discurso, tras el formal agradecimiento, señalando que su gratitud tiene que ver, sobre todo, con y por «(...) los valores de la comunidad del pueblo al que pertenezco, por el amor a mi tierra, a la madre naturaleza. Quien entiende esta relación, respeta la vida y exalta la lucha que hace por esos objetivos…». Una verdad cada vez más necesaria, porque da pistas sobre cómo salvar al planeta Tierra de la destrucción a la que parte de la humanidad la estamos abocando desde lo que conocemos como «desarrollismo» y el «mito del eterno progreso», que tan destructor se ha tornado y del que somos responsables.

En particular, Rigoberta quiere referirse al reconocimiento que el Nobel da a una de las conquistas más grandes en la lucha por la paz, por los derechos humanos y por los derechos de los pueblos indígenas, que a lo largo de estos 500 años han sido divididos y fragmentados y han sufrido el genocidio, la represión y la discriminación.

Muy en particular, y como no podía ser de otro modo, cree que este premio, su publicidad, va a dar visibilidad (de eso se trata en los premios Nobel) a la situación concreta de Guatemala, su país. Por eso, cree que se hará más notoria la «denuncia de la violación de los Derechos Humanos que se ha dado contra los pueblos en Guatemala, en América y en el mundo, y para un papel en la tarea que más urge en mi país, que es el logro de la paz con justicia social». Para todo ello es condición necesaria aunque no suficiente, construir una «verdadera democracia».

Ciertamente, este premio es —señala Rigoberta explícitamente— el reconocimiento de una deuda de Europa para con los pueblos indígenas americanos; es una llamada a la conciencia de la Humanidad para que se erradiquen las condiciones de marginación a que han sido condenadas por la colonización y a la explotación por parte de los no indígenas; y es un clamor por la vida, la paz, la justicia, la igualdad y la hermandad entre los humanos.

Es el mal del etnocentrismo que recorrió y sigue recorriendo Europa y el mundo. Es el desprecio por otros modos de vida diferentes al propio lo que causó y sigue causando violencias y genocidios.

Revertir este etnocentrismo es la salvación de Europa, del mundo. ¿Por qué? Rigoberta lo señala, aun sin ser consciente todavía del alcance de sus palabras en 1992, ahora que estamos cercanos al «colapso», ahora que nos aproximamos al principio del fin, fechado para 2050, cuando dice que «la particularidad de la visión de los pueblos indígenas se manifiesta en las formas de relacionarse». ¿Qué «formas» son esas?

De un lado, se trata de una relación entre las personas muy diferente a la que tenemos hoy por hoy: un modo de vinculación «comunitaria», esto es, próxima, solidaria. De otro lado, una relación con la madre tierra respetuosa, tan alejada de nuestra impronta (tecnológica) sobre ella: nos da la vida y no es sólo una mercancía; no somos dueños de ella, solo somos partes integrantes de ella. En este sentido, viene bien recordar la carta del jefe indio de Seattle, de la que más abajo reproduzco un fragmento. Finalmente, porque la Tierra es para los indígenas, para el vivir indígena, no una fuente de riqueza económica a explotar, sino fuente de vida («nos da el maíz, que es nuestra vida») y no precisamente para explotarla, para obtener de ella «tantas cosas que ambicionan los privilegiados de hoy». En absoluto, para los indígenas, tierra es igual a raíz y fuente de cultura: «Ella contiene nuestra memoria, ella acoge a nuestros antepasados y requiere por lo tanto también que nosotros la honremos y le devolvamos con ternura y respeto los bienes que nos brinda». Sabias y necesarias palabras al oído de los países «avanzados»...

En fin, la lección de esta humilde mujer, que habla por los que no tuvieron ni tienen voz ante los colonizadores, los explotadores, es que «hay que cuidar y guardar la tierra madre para que nuestros hijos y nuestros nietos» puedan vivir en paz. Porque, se pregunta, si seguimos así, ¿qué futuro tendrán las nuevas generaciones?

Apela aquí Rigoberta a lo que conocemos como derechos humanos de cuarta generación, esto es, los derechos de las generaciones que están por venir y que exigen que les leguemos el planeta Tierra tal cual está o mejor, pero no desde luego en peor estado, que es lo que estamos haciendo con lo que conocemos como «cambio climático», etc. De nuevo, apunta al «colapso» antes de que las alarmas se dispararan, como lo están de hecho hoy. Es nuestra responsabilidad, esto es, debemos una respuesta justa.

En su defensa del mundo indígena, en su reivindicación de justicia histórica, Rigoberta muestra su mano tendida en lo que podría entenderse como un nuevo pacto social: «los indígenas estamos dispuestos a combinar tradición con modernidad, pero no a cualquier precio. No consentiremos que el futuro se nos plantee como posibles guardias de proyectos etnoturísticos a escala continental. En un momento de resonancia mundial en torno a la conmemoración del V Centenario de la llegada de Cristóbal Colón a la tierras americanas, el despertar de los pueblos indígenas oprimidos nos exige reafirmar ante el mundo nuestra existencia y la validez de nuestra identidad cultural. Nos exige que luchemos para participar en la decisión de nuestro destino, en la construcción de nuestros estados–naciones. Si no somos tomados en cuenta, hay factores que garantizan nuestro futuro: la lucha y la resistencia; las reservas de ánimo; la decisión de mantener nuestras tradiciones puestas a prueba por tantas dificultades, obstáculos y sufrimientos; la solidaridad para con nuestras luchas por muchos países gobiernos, organizaciones y ciudadanos del orbe».

Y, al igual que Martin Luther King, Rigoberta Menchú también tiene un sueño: «Sueño con el día en que la interrelación justa respetuosa entre los pueblos indígenas y otros pueblos se fortalecen, ensartando potencialidades y capacidades que contribuyen a hacer la vida en este planeta menos desigual, más distributiva de los tesoros científicos y culturales acumulados por la Humanidad, floreciente de paz y justicia. Creo que es posible en la práctica y no en la teoría. Pienso que es posible en Guatemala y en muchos otros países que se encuentran sumidos en el atraso, el racismo, la discriminación y el subdesarrollo».

En el momento en que Rigoberta recoge el Nobel, el país sigue convulso pero con ciertos avances por presiones internacionales. La apertura política ha consistido en la elaboración de una nueva Constitución, en un traspaso del gobierno a los sectores civiles. Llevaban entonces ocho años del nuevo régimen, en el que se abrieron espacios importantes. Pero perduraba el conflicto armado interno.

En fin, en 1992 la vida política de Guatemala sigue buscando una solución política a la crisis global y al conflicto armado que existe desde 1962.

Precisamente fue Oslo la testigo de un Acuerdo entre la Comisión Nacional de Reconciliación con mandato gubernamental y la Unidad Revolucionaria Nacional Guatemalteca.

Para acabar, Rigoberta no olvida en su discurso a su predecesora en el Nobel de la Paz: «Dirijo mi plegaria para la liberación de la señora Aung San Suu Kyi, Premio Nobel de la Paz de 1991».

4. ¡Indignaos!
Para pararse a pensar

Reproduzco un fragmento de la carta del Gran Jefe de Seattle, de la tribu de los suquamish. Se trata de un escrito en respuesta a la que le envió Franklin, Presidente de los Estados Unidos de América (1854). En su carta, Franklin hacía una oferta por una gran extensión de tierras en el noreste de los Estados Unidos, en la que vivían los indios suquamish. Ofrecía, en contrapartida, crear una reserva para el pueblo indígena. La respuesta del Jefe indio Seattle es un paradigma de respeto, sentido y de la vida y amor a la tierra y a los que habitan en ella. Las primeras letras de esa carta son las que siguen:

El Gran Jefe de Washington envió palabra de que desea comprar nuestra tierra. El Gran Jefe nos envía también palabras de amistad y buena voluntad. Apreciamos mucho esta delicadeza porque sabemos la poca falta que le hace nuestra amistad. Vamos a considerar su oferta, pues sabemos que, de no hacerlo, el hombre blanco vendrá con sus armas de fuego y tomará nuestras tierras. El Gran Jefe de Washington puede confiar en la palabra del Gran Jefe Seattle, con la misma certeza que confía en el retorno de las estaciones. Mis palabras son inmutables como las estrellas del firmamento.

¿Cómo se puede comprar o vender el cielo o el calor de la tierra?, esta idea nos parece extraña.

Si no somos dueños de la frescura del aire, ni del brillo del agua, ¿cómo podrán ustedes comprarlos?

Cada pedazo de esta tierra es sagrado para mi pueblo, cada aguja brillante de pino, cada grano de arena de las riberas de los ríos, cada gota de rocío entre las sombras de los bosques, cada claro en la arboleda y el zumbido de cada insecto son sagrados en la memoria y tradiciones de mi pueblo. La savia que recorre el cuerpo de los árboles lleva consigo los recuerdos del hombre piel roja.

Los muertos del hombre blanco olvidan la tierra donde nacieron cuando emprenden su paseo por entre las estrellas. En cambio nuestros muertos, nunca pueden olvidar esta bondadosa tierra, pues ella es la madre del hombre piel roja. Somos parte de la tierra y ella es parte de nosotros. Las flores perfumadas son nuestras hermanas, el venado, el caballo, el gran águila, todos son nuestros hermanos. Las escarpadas montañas, los húmedos prados, el calor de la piel del potro y el hombre, todos pertenecemos a la misma familia...

Algunas personas han considerado que esta carta es falsa. Aun siéndolo, qué lección más profunda nos ha regalado quien la haya escrito. Creo en ella. Y creo que no es falsa. Pero eso da igual. Por eso te puedo preguntar: ¿con qué verdad de la carta te quedas?

Para indignarse

El grito de la tierra. Tu futuro está en juego: te arrebatan la tierra, que es tu condición de posibilidad para existir y hacerte un proyecto de vida particular y real. Ambas cosas están en riesgo, en buena parte por la codicia de ciertas personas. ¿Vas a quedarte callada? Si el silencio pasivo es tu respuesta, probablemente te has quedado sin sueños… y sin vida. 2050 es su término.

Un grupo de la comunidad indígena mura, cerca de Humaitá, en la Amazonía brasileña.
(Ueslei Marcelino/REUTERS)

X/1997
Jody Williams

Una explosión en un campo lejano acaba de romper el silencio. Un niño, campesino prematuro de ocho años, acaba de perder una pierna, parte de un brazo y el ojo derecho. Le acaba de estallar, cuando rompía el terruño con una azada, una bomba antipersonal dejada allí una vez acabada la guerra que asoló a su país, hace ya unos años. El estallido no es novedad, sucede casi todos los días. A cientos de miles de kilómetros de allí, una profesora de inglés, que lleva una vida relativamente cómoda y tranquila, visita un centro que la va a alarmar: la Fundación Americana de Veteranos de Vietnam, en Washington.

Esta mujer se llama Jody Williams, nacida en Brattleboro (Vermont, EE.UU.) el 9 de octubre de 1950. Recibe el Premio Nobel de la Paz en 1997.

1. Itinerario vital

Tras sus estudios universitarios, trabajó como profesora de inglés en México, Londres y Washington DC. Fue en este último lugar donde su «tranquila» vida de profesora cambió por completo como consecuencia de la visita que realizó a la Fundación Americana de Veteranos de Vietnam. Allí conoció, de primera mano, las devastadoras consecuencias del uso de las minas antipersona. Desde ese momento, su vida giraría en torno a la erradicación de este tipo de arma letal que tanto daño causa.

Al tomar partido por esa tarea, su primera responsabilidad fue la de ser la coordinadora del *Nicaragua–Honduras Education Project*, cargo que desempeñó hasta 1986. Más tarde fue responsable de la *Medical Aid for El Salvador*, una organización solidaria con sede en Los Ángeles. Pero fue en 1992 cuando realmente comenzó su fundamental labor como activista en la organización recién formada *International Campaign to Ban Landmines – ICBL*.

Cinco años más tarde, en 1997, el esfuerzo de esta organización empezó a ver la luz cuando se constituyó la Convención Internacional por la Prohibición de Minas Antipersonales, y a partir de la cual se firmó en Ottawa (Canadá) un tratado de reunía las condiciones de tal prohibición. Un gran avance, aunque también un tanto frustrante porque algunos países, como Estados Unidos, se abstuvieron.

La implicación de Jody fue entonces total, y lo sigue siendo, pues siguió en la brecha, desde la ICBL, como embajadora de la campaña contra las minas terrestres. Buena parte de sus escritos tienen que ver con las consecuencias brutales de las minas terrestres.

Como nota singular cabe decir que Jody firmó el manifiesto «*Let Catalan Vote*» (2017), dando soporte al referéndum sobre la independencia de Cataluña.

2. Legado

Motivo: como Jody misma señala, este gran homenaje es el resultado del logro verdaderamente histórico de este esfuerzo humanitario para librar al mundo de un arma indiscriminada, las minas terrestres. En palabras del Comité del Nobel, la Campaña Internacional «inició un proceso que, en el espacio de unos pocos años, cambió la prohibición de las minas antipersonas de una visión a una realidad factible». Además, el Comité señaló que la Campaña ha podido «expresar y mediar en una amplia gama de compromisos populares de una manera sin precedentes. Dado que los gobiernos de varios países pequeños y medianos han abordado la cuestión… Este trabajo se ha convertido en un ejemplo convincente de una política eficaz para la paz».

Palabras clave: mina terrestre antipersonal, mutilación, tratado, industria armamentística

«Las negociaciones de Oslo dieron al mundo un tratado de prohibición de las minas terrestres antipersonales que está notablemente libre de lagunas y excepciones. Es un tratado que prohíbe el uso, la producción, el comercio y el almacenamiento de minas terrestres antipersonales. Es un tratado que exige que los estados destruyan sus arsenales dentro de los cuatro años posteriores a su entrada en vigor. Es un tratado que exige la remoción de minas en un plazo de diez años. Pide a los Estados que aumenten la asistencia para la remoción de minas y la asistencia a las víctimas. No es un tratado perfecto: a la Campaña le preocupa la disposición que permite dispositivos antimanipulación en las minas antivehículo (…). Nos gustaría que el tratado se aplicara directamente a los actores no estatales y nos gustaría un lenguaje más sólido con respecto a la asistencia a las víctimas. Pero, dada la estrecha cooperación con los gobiernos que resultó en el propio tratado, estamos seguras de que estas cuestiones pueden abordarse a través de las reuniones anuales y conferencias de revisión previstas en el tratado.

(…) Las minas terrestres se han utilizado desde la Guerra Civil de Estados Unidos y desde la Guerra de Crimea, pero las estamos sacando de los arsenales del mundo. Es asombroso. Es histórico. Demuestra que la sociedad civil y los gobiernos no tienen por qué verse a sí mismos como adversarios (...). Muestra que esa asociación es un nuevo tipo de «superpotencia» en el mundo posterior a la Guerra Fría. Es justo decir que la Campaña Internacional para la Prohibición de las Minas Terrestres marcó la diferencia. Y el verdadero premio es el tratado»

(Jody Williams, discurso de aceptación del Premio Nobel de la Paz de 1997)

3. Claves del discurso

La lucha contra determinado tipo de armas, especialmente las minas terrestres, data de los años 70 del siglo XX. ¿Por qué concretamente esta lucha? ¿Qué diferencia este tipo de arma al resto? No solo es absolutamente indiscriminada (no reconoce ni distingue al soldado del niño, de la joven, de la madre o el abuelo que la pisa) sino que, terminada la guerra, sigue ahí preparada para matar eternamente.

Ciertamente, la mina no reconoce la paz. Como dice Jody Williams, «La mina terrestre está eternamente preparada para cobrar víctimas. En el lenguaje común, es el soldado perfecto, el «centinela eterno». La guerra termina, las minas terrestres siguen matando».

Las minas terrestres se han tornado, tras la Segunda Guerra Mundial, en una de las armas preferidas. De hecho, en 1997 se calculaba que había decenas de millones de minas terrestres colocadas en unos 70 países de todo el mundo que estuvieron en conflicto. Peor todavía, la mayoría de esos países son de los considerados en vías de desarrollo, lo que al efecto de este tipo de artefacto significa que no tienen los recursos suficientes para localizarlas y eliminarlas antes de que mate a cualquier campesino o campesina labrando, a una niña yendo a la escuela o a una madre o un padre paseando a su hijo pequeño. De hecho, se cuentan por decenas de miles las víctimas civiles que han muerto o sufrido terribles mutilaciones a causa de minas terrestres «perdidas». Supongo que no hay que decir que esas bombas se fabrican en los países desarrollados.

En su discurso, Jody Williams recuerda algunos de esos países como Camboya, que en aquel año se calculaba que tenía entre cuatro y seis millones de minas terrestres, deslocalizadas a lo largo de más de la mitad de su territorio. Imagina el miedo de cualquier campesina a pisar la tierra que necesita cultivar para poder sobrevivir; imagina el temor de un padre o una madre por sus hijos e hijas camino de la escuela, que suele quedar lejos de sus casas, en algún lugar al que, para llegar, hay que cruzar campos y senderos…

En Afganistán se esparcieron hasta 30 millones, en la ex Yugoslavia unos seis millones, en Angola nueve millones, en Mozambique un millón, en Somalia un millón, y un largo etcétera terrible. Millones de bombas agazapadas, esperando cual soldado invisible y eterno, que mutilará tu cuerpo o te matará; millones de bombas compradas en países ricos o colocadas por ejércitos de países ricos (como EE.UU. o Rusia) en países en vías de desarrollo o en peor situación, sin medios para encontrarlas y desactivarlas tras sus guerras. Sirva de ejemplo lo que sucedió en Camboya: tras la paz, se elaboró un plan para facilitar el regreso de los camboyanos refugiados y, para hacerlo atractivo, se consideró dar a cada familia suficiente tierra para que pudieran ser autosuficientes y así poder contribuir a la reconstrucción de su país. Pero este proyecto, tan fácil a priori de llevar a cabo, se vio totalmente imposibilitado: había tantas minas terrestres que no pudieron ofrecer esas tierras de cultivo; hubo un cambio de planes: incentivar su regreso dándoles cincuenta dólares y suministro de arroz para un año. Ese último plan no ofrecía realmente futuro.

Pero el problema no son solo esas minas ya sembradas, pues hay millones almacenadas a la espera de ser vendidas, listas para su uso. ¿Cuántas? En aquel momento, Jody y su organización estimaba que había entre cien y doscientos millones. Evidentemente, la industria armamentística no iba a revelar sus secretos. Hay un problema añadido: las ONG que trabajaban sobre el terreno también sufrían bajas. Todos estos factores fueron los que, en ese período, impulsaron el nacimiento de las primeras organizaciones no gubernamentales de desminado humanitario, precisamente para tratar de devolver las tierras «contaminadas» a las comunidades rurales y evitar más mutilaciones y muertes.

Pronto se vio que solo quedaba una solución: para eliminar el problema, sería necesario eliminar el arma. Esto no se le ocurrió, por supuesto, a la industria armamentística, ni a los ejércitos ni a los gobiernos, sino que fue el trabajo de las ONG las que consiguieron llamar la atención sobre esta maldad agazapada.

Si indagamos en el tiempo, podemos ver como, a finales de 1991 y principios de 1992, varias ONG, como Handicap International, Human Rights Watch, Mines Advisory Group, Physicians for Human Rights y la Fundación de Veteranos de Vietnam de América, se unieron para pedir la prohibición de las minas terrestres antipersonales. Nace así lo que se conoce como Campaña Internacional para la Prohibición de las Minas Terrestres, en la que se pide el fin no solo del uso, sino de su producción, comercio y almacenamiento. Octubre de 1992 fue el año del impulso.

Hay que tener en cuenta que su capacidad de movilizar fue enorme, pues fueron 1.000 las organizaciones que se unieron para abordar esta problemática en 60 países. El objetivo común era prohibir las minas terrestres antipersonales. A lo largo de los años, la Campaña creció, el comité directivo se amplió para representar el crecimiento continuo y la diversidad de aquellos que se habían unido en este movimiento global. Campañas en Afganistán, en Camboya ya en en 1996; en la República Sudafricana y la Coalición de Kenia a principios de 1997 (año de la concesión del Nobel) hasta la actualidad, pues todavía queda mucha labor por hacer. Son más de 121 países los que se adhirieron al tratado de prohibición.

Jody Williams acaba su discurso recordando las palabras que le dirigió el embajador de Francia en Oslo: «Esto es histórico no solo por el tratado. Esto es histórico porque, por primera vez, los líderes de los Estados se han unido para responder a la voluntad de la sociedad civil».

4. ¡Indignaos!
Para pararse a pensar

El negocio de las armas es una constante en la industria de los países desarrollados. Debes saber que España es país productor y exportador de armas. Hay en nuestro país 300 empresas que se dedican a la fabricación de armas de guerra.

Para indignarse

El Nobel de la Paz a causa de la concienciación sobre las maldades de las minas antipersonas acabadas las guerras fue, como sabemos, en el año 1997. Más de 26 años después, la maldad invisible y eterna continúa. En las regiones de Donetsk y Lugansk (al este de Ucrania) han muerto, al menos, 42 niños y niñas a causa de este tipo de bomba y más de un centenar están mutilados por ellas mismas. ¡Y las que quedarán por estallar!

Dos niñas amputadas por minas antipersona con piernas ortopédicas
(©Illégitime Défense)

XI/2003
Shirin Ebadi

Acaba de dictar sentencia. Como siempre, se ha esmerado en que prevalezca la justicia. Su costumbre es abandonar la sala en primer lugar, pero esta vez se ha quedado sentada en su mesa y ha ordenado que el resto del personal salga y la dejen sola. Sola. Es su última sentencia, porque la revolución islámica triunfa y sabe que no va a poder seguir siendo jueza. La van a degradar: es mujer, corre el año 1979 y estamos en Irán. Aquí acaba su éxito profesional y su desarrollo personal, piensa, mientras aprieta su mano derecha con fuerza, aunque inconscientemente.

Lo que intuye en ese momento sucede muy poco después. Va a ser degradada a secretaria del mismo tribunal que hasta ese momento presidía. Por supuesto que protestó. La justicia era su vida y aquello era una gran injusticia. No le sirvió de nada. ¿De nada? Con el transcurso del tiempo, aquello le va a situar en la circunstancia precisa para desarrollar la misión que la vida le tenía guardada: la defensa, en calidad de abogada, de casos con implicaciones políticas a escala nacional, casos de persecución política, casos de maltrato infantil encubiertos o simplemente permitidos contra todo derecho humano. El amargo momento de ser degradada a secretaria la puso en camino para ser ensalzada como gran defensora de los derechos humanos y futura premio Nobel de la Paz.

Shirin Ebadi nace en Hamadán (Irán) el 21 de junio de 1947. Es la primera mujer iraní y musulmana en recibir el Premio Nobel de la Paz, en 2003.

1. Itinerario vital

Shirin se crio en una familia iraní acomodada y culta. Su padre fue uno de los primeros catedráticos de derecho comercial de Irán; su madre, por su parte, se dedicó a la educación de sus tres hijas y su hijo.

Shirin, siguiendo los pasos de su padre, se graduó en Derecho en la Universidad de Teherán (1968) y pronto se convirtió en una de las primeras juezas de su país (1969). En 1975 fue la primera mujer iraní en acceder a la presidencia de un tribunal.

Pero este futuro personal llamado al éxito profesional, en un país musulmán con libertades suficientes, se vio frustrado tras la revolución islámica de 1979 pues, entre otras cosas, se prohibió el ejercicio de la función de juez a las mujeres. Shirin fue degradada a secretaria de tribunal. Como su reivindicación no le sirvió de nada, solicitó una jubilación anticipada, que le fue concedida (seguramente con alivio por parte de las autoridades).

No pudo ejercer la abogacía hasta 1992, pero cuando lo hizo, y tras algunos años ejerciendo como abogada en juicios por asesinato y divorcio, comenzó a asumir también la defensa en casos con implicaciones políticas a escala nacional. Aquí es donde empieza a complicarse su vida, porque en su celo profesional llegó o intentó llegar hasta el fondo de todos los casos que trataba. Así, al ejercer como abogada en el asesinato del matrimonio Foruhar, o también del estudiante Ezzatollah Ebrahimneyad (asesinado en el asalto de las milicias basiyíes a la residencia de estudiantes de la Universidad de Teherán en 1999), Shirin fue acusada de hacer llegar al presidente Jatamí indicios de la responsabilidad de agentes gubernamentales en el asesinato de estudiantes, por lo que fue detenida y pasó tres semanas en la cárcel en 2000 (aunque su condena a cinco años de cárcel y la retirada de su licencia fueron finalmente revocadas).

También asumió con valentía casos muy difíciles para un país, como los de maltrato infantil. Es, desde ese momento, cofundadora de la Asociación de Defensa de los Derechos de la Infancia (1995) y del Centro de Defensores de los Derechos Humanos.

Es a partir de la segunda de estas asociaciones que comienza a implicarse a fondo en los casos de presos de conciencia. De hecho, el Centro de Defensores de los Derechos Humanos tiene como objetivo principal proporcionar defensa legal gratuita a los perseguidos por motivos de conciencia y políticos, así como el apoyo a sus familias. Además, pretenden quizás algo más peligroso todavía: informar sobre los casos de violaciones de los derechos humanos en Irán.

Por toda esta trayectoria, en la que su vida corre peligro (estuvo amenaza) con especial esfuerzo en la lucha por los derechos de los niños y de las mujeres, también los presos de conciencia, en un contexto de lucha por la democracia y los derechos humanos, Shirin es digna merecedora del Nobel de la Paz.

El apreciado galardón le da nuevas energías si cabe para seguir su trabajo en favor de los presos y perseguidos políticos, así como la pérdida de derechos en Irán y en otros países. De hecho, aprovechó la publicidad del premio para aumentar su presencia pública, dictando conferencias e impartiendo cursos en distintos países del mundo y, sobre todo, defendiendo a perseguidos políticos en Irán. Tanto es así que, en la primavera de 2008, nuestra protagonista denuncia que está siendo amenazada para que deje de viajar por el mundo pronunciando conferencias y defendiendo a la comunidad bahaí. Pero Shirin no se amilana, es más, unas semanas después de las amenazas acepta la defensa legal de cinco personalidades de confesión bahaí.

Con el tiempo, y a pesar de sus denuncias, el acoso no cesa, más bien aumenta, de modo que en agosto de ese mismo año será acusada por la agencia estatal de noticias (IRNA) de pertenecer a la fe bahaí y de ser agente de occidente, además de defender a las personas homosexuales, no llevar velo (en el extranjero), cuestionar el sistema penal islámico, defender a agentes de la CIA, etc. Quizás lo peor de todo fue que acusaron a su hija Narges Tavassolián de haberse convertido al bahaísmo, lo que significaba ser castigada con pena de muerte, dado que era acusada de apostasía. La presión sobre ella comenzaba a ser insoportable. Para acabar de presionarla, el Centro de Defensores de Derechos Humanos, que dirigía ella misma, será cerrado por la policía en diciembre de ese nefasto año (2008) y, pocos días después, sufrirá en su casa y en su despacho el acoso de manifestantes progubernamentales.

En los años siguientes siguieron las presiones, los embargos, las falsas denuncias, todo ello con la intención de acallar su voz crítica en favor de la libertad y de la democracia. Siguen a día de hoy.

2. Legado

Motivo: luchó por la defensa de la democracia y los derechos humanos en Irán, concretamente de mujeres y niños.
Palabras clave: justicia, discriminación, políticas perseguidas, velo, sexismo, acoso.

> «Este año, el Premio Nobel de la Paz ha sido otorgado a una mujer procedente de Irán, un país musulmán de Oriente Medio.
>
> Sin duda, mi selección será una inspiración para las masas de mujeres que se esfuerzan por hacer realidad sus derechos, no solo en Irán sino en toda la región, derechos que les han sido arrebatados a través del paso de la historia. Esta selección hará que las mujeres de Irán, y de mucho más allá, crean en sí mismas. Las mujeres constituyen la mitad de la población de todos los países. Ignorar a las mujeres y prohibirles la participación activa en la vida política, social, económica y cultural equivaldría de hecho a privar a toda la población de cada sociedad de la mitad de su capacidad. La cultura patriarcal y la discriminación contra las

mujeres, particularmente en los países islámicos, no pueden continuar para siempre».

(Shirin Ebadi, discurso de aceptación del Premio Nobel de la Paz en 2003)

3. Claves del discurso

Como acabamos de leer, Shirin Ebadi celebra que el Premio Nobel de la Paz se le haya otorgado a ella, no como algo personal, sino porque es una mujer procedente de un país musulmán de Oriente Medio, cosa que puede servir de caja de resonancia o «inspiración» para tantas mujeres, y no solo de Irán o del Oriente Medio, como dice ella, sino del mundo entero, porque en todas partes hacía falta, sigue haciendo falta, la reivindicación de los derechos de las mujeres.

Estos derechos, como bien dice nuestra protagonista, les han sido arrebatados a través del paso de la historia porque, en un origen, parece que tanto hombres como mujeres vivían en armonía entre ellos y con la naturaleza. Fue, según van cada vez más comprobando las antropólogas, a partir del 10.000 a.C. y, especialmente, con la aparición del capitalismo, que las mujeres fueron quedando marginadas de la esfera social, económica y cultural o, lo que es igual, relegadas a la esfera privada de la casa, la crianza.

Sea como fuere, la situación del Oriente Medio que denuncia es una cruel realidad: «La cultura patriarcal y la discriminación contra las mujeres, particularmente en los países islámicos, no pueden continuar para siempre».

Tras esta declaración, continúa su discurso recordando que ese mismo día de diciembre coincidía con el 55 aniversario de la Declaración Universal de Derechos Humanos, una declaración que comienza con el reconocimiento de la dignidad inherente y de los derechos iguales e inalienables de todos los miembros de la familia humana, como garante de la libertad, la justicia y la paz. Y promete un mundo en el que los seres humanos disfrutarán de libertad de expresión y de opinión, y serán salvaguardados y protegidos contra el miedo y la pobreza.

Al respecto de la Declaración de los Derechos Humanos, me gustaría recordar los problemas de elaboración de su artículo primero, según el cual «todos los seres humanos nacen libres e iguales en dignidad y derechos…». En el borrador final quedaba del modo siguiente: «Todos los hombres son creados libres e iguales en dignidad y derechos». Pronto la representante de la India señaló que en su país, como en muchos otros, escribir «hombres» iba a implicar aplicarlo en su sentido literal y, por tanto, sin afectar a las mujeres; también protestó el representante de Rusia, pues indicó que en su país no podían aceptar que fueron «creados», porque parece que da por hecho la existencia de un «creador» y Rusia se declaraba oficialmente atea. En fin, que los Derechos Humanos tienen problemas no ya solo para ser cumplidos, sino incluso para su redacción. Y, sin embargo, ¡cuán necesarios son!

Si bien Shirin no se detiene en el detalle de su redacción, cosa realmente de menor importancia, sí lo hace a la hora de analizar su realidad. Y su realidad es que son sistemáticamente incumplidos por todas las naciones, unas más que otras, firmantes o no firmantes de ellos. Concretamente, comienza señalando que en ese mismo año 2002 casi 1200 millones de seres humanos vivían en una pobreza flagrante y ganaban menos de un dólar al día, y que más de 50 países quedaron atrapados en guerras o desastres naturales. Era, además, un momento en que el SIDA ya se ha cobrado la vida de 22 millones de personas, dejando huérfanos a 13 millones de niños y niñas. El mundo, en los albores del siglo XXI, no marchaba nada bien en prácticamente ninguno de los frentes referentes a la dignidad y justicia humanas. Por supuesto, tampoco en el caso de la igualdad entre hombres y mujeres.

No hay que olvidar aquel tópico según el cual *la pobreza es femenina:* no solo el hambre y el SIDA, también la violencia en todas sus formas. De hecho, años más tarde, la ONU dejará sentada otra premisa fundamental como es la de que *no hay mayor peligro en el mundo que haber nacido mujer.*

Volvemos, de nuevo, al tema principal del discurso de Shirin, a saber, la discriminación de la mujer en cualquier lugar del mundo, aunque especialmente en Irán, por ser su país y donde desarrolla su tarea humanitaria. Cabe decir, al respecto, que su reflexión se ancla en el contexto del conflicto que todavía existe entre la tradición y la modernidad, una situación nada fácil de resolver. De hecho, señala que «este conflicto se observa no solo en Irán, sino también en muchos estados musulmanes. Algunos musulmanes, bajo el pretexto de que la democracia y los derechos humanos no son compatibles con las enseñanzas islámicas y la estructura tradicional de las sociedades islámicas, han justificado gobiernos despóticos y continúan haciéndolo… (Y ello en razón de que) no es tan fácil gobernar a un pueblo consciente de sus derechos, utilizando métodos tradicionales, patriarcales y paternalistas.

Y es en ese contexto y desde esa perspectiva que reivindica la religión musulmana como camino a seguir para lograr la liberación de la mujer, porque «el Islam es una religión cuyo primer sermón del Profeta comienza con la palabra ¡Recita! (...) Un sermón y un mensaje así no pueden estar en conflicto con la conciencia, el conocimiento, la sabiduría, la libertad de opinión y expresión y el pluralismo cultural». Por eso mismo hay que superar una «difícil situación discriminatoria de las mujeres en los Estados islámicos (...), ya sea en la esfera del derecho civil o en el ámbito de la justicia social, política y cultural, que tiene sus raíces en la cultura patriarcal y dominada por los hombres que prevalecen (pues) en estas sociedades, no en el Islam. Esta cultura no tolera la libertad y la democracia, así como no cree en la igualdad de derechos entre hombres y mujeres, y en la liberación de las mujeres de la dominación masculina (padres, maridos, hermanos…), porque amenazaría la posición histórica y tradicional de los gobernantes y guardianes de esa cultura».

Y, por eso mismo, y al igual que muchas de sus predecesoras (como Rigoberta Menchú), sabe apreciar el verdadero valor de esta distinción universal que consiste en el premio Nobel de la Paz: «La decisión del Comité Nobel de la Paz de otorgarme el premio de 2003, como primera iraní y primera mujer de un país musulmán, nos inspira a mí y a millones de iraníes».

Si queremos evitar un siglo XXI con las violencias terribles del siglo XX, Shirin no ve otro camino que «comprender y poner en práctica todos los derechos humanos para toda la humanidad, independientemente de su raza, género, religión, nacionalidad o condición social». Y quizás sea inteligente comenzar con la liberación de la mujer, verdadera protagonista de la paz y de la justicia desde la noche de los tiempos.

Por todo ello, y ya llegado el fin de su discurso, vuelve recordar la necesidad de «rebelión», a la que invita el mismo Preámbulo de la Declaración Universal de Derechos Humanos: «A los seres humanos no les quedará otra opción que organizar una rebelión contra la tiranía y la opresión».

4. ¡Indignaos!
Para pararse a pensar

Shirin, en su discurso, planteó dos preguntas que deberían haber sonrojado a muchos de los presentes y a muchos dirigentes políticos de Occidente. Las preguntas son las que siguen:

«¿Por qué algunas decisiones y resoluciones del Consejo de Seguridad de las Naciones Unidas son vinculantes, mientras que algunas otras resoluciones del Consejo no tienen fuerza vinculante? ¿Por qué en los últimos 35 años, docenas de resoluciones de la ONU relativas a la ocupación de los territorios palestinos por el Estado de Israel no se han implementado rápidamente, y, sin embargo, en los últimos 12 años el Estado y el pueblo de Irak, una vez con la recomendación del Consejo de Seguridad, y la segunda vez, a pesar de la oposición del Consejo de Seguridad de la ONU, fueron objeto de ataques, asaltos militares, sanciones económicas y, en última instancia, ocupación militar?».

Para indignarse

Mahsa Amini: 16 de noviembre de 2022

XII/2004
Wangari Maathai

Hay una mujer entristecida contemplando el enorme y precioso parque natural en Nairobi, el Uhuru. Acaba de iniciarse el otoño. En ese momento, octubre de 1989, este lugar tan bello y necesario estaba a punto de desaparecer porque se ultimaba la concesión de un gran proyecto para construir, allí mismo, un gran centro comercial y de negocios, un complejo de 60 plantas: el Kenya Times Media Trust. Se trataba de un complejo que pretendía albergar un centro de negocios, oficinas, auditorio, centro comercial y aparcamiento para 2000 vehículos, etc. Todo está preparado, pero de pronto aparece una mujer que cree que el respeto al medio ambiente no es solo un derecho de cuarta generación, sino un modo de lograr el progreso económico de su país. Esa mujer comienza a escribir cartas de protesta a todas las instancias posibles, nacionales e internacionales. Ni qué decir tiene que el gobierno negó todo cese del proyecto. Tanto fue así, que el 12 de diciembre, en el mismo Parque Uhuru, durante el discurso de celebración de la independencia británica, el presidente Moi sugirió a esa mujer que fuera una mujer acorde a las tradiciones africanas, que respetase a los hombres y que se estuviera callada… Pero, lejos de amedrentarla, ella siguió manifestando su oposición a este proyecto, con el apoyo de muchas otras mujeres que se pusieron de su lado. Finalmente, logró detenerlo y salvar el parque de las garras del capitalismo devastador.

«Cuando veo el Parque Uhuro y contemplo su significado —declaró más tarde—, me siento obligada a pelear por él, y así mis nietos tal vez compartan ese sueño y ese gozo por ser libres al caminar algún día por ahí». Lo logró, porque finalmente las entidades financieras retiraron su ayuda económica. Antes y después de ese hecho, esta mujer fue perseguida y extorsionada, pero eso no logró cambiar su actitud y defensa de los derechos humanos en general, y el de las mujeres y el medio ambiente en particular.

Esa mujer entristecida y luchadora que contempla el parque, y que consigue salvarlo de las garras del capitalismo devastador, se llama Wangari Maathai. Nace en Nyeri, el 1 de abril de 1940 y muere en Nairobi, el 25 de septiembre de 2011. Va a ser la primera mujer africana en recibir el distinguido galardón del Nobel de la Paz.

1. Itinerario vital

Su vocación política y ecologista fue clave para recibir el Nobel de la Paz pues, tal como señaló el jurado, se le concedía por su contribución al desarrollo sostenible, la democracia y la paz.

No perdamos de vista que nos situamos ya en el año 2004 y, sin embargo, nuestra protagonista será no solo la primera mujer africana en obtener el Nobel de la Paz, sino también la primera de África Oriental en obtener un doctorado, lo cual muestra la situación de desigualdad que tenía y sigue teniendo la mujer en el mundo africano. Eso es también indicador del estado de la democracia y los derechos humanos.

En la trayectoria vital de Wangari, cabe destacar que fundó, en 1977, el Green Belt Movement, clave en la reivindicación por una Kenia y un mundo más saludable. Años más tarde, fue elegida miembro del Parlamento de Kenia, donde tuvo un cargo importante como ayudante del ministro de Medio Ambiente y Recursos Naturales (2003–2006).

Pero llegar hasta ahí no fue fácil. Nace, como hemos dicho, en Ihithe (Nyeri), en las tierras altas centrales Kenia, todavía británica. Cuando tenía tres años de edad, su familia se trasladó, por motivos de trabajo, a una granja de propietarios blancos en el Gran Valle del Rift, cerca de Nakuru. Estamos en los años 40 del siglo XX y Kenia es todavía británica. La situación era difícil. Su madre, junto con Wangari y sus dos hermanos, decide volver a Ihithe porque en el Gran Valle del Rift no había posibilidad de ser escolarizados: no eran blancos. Allí fue a la escuela primaria hasta que, a los once años ingresó en la escuela primaria intermedia Santa Cecilia. Se trataba de un internado situado en Nyeri, de la Misión Católica Mathari. El paso por esta escuela intermedia primaria la llevó a convertirse al catolicismo. Era una muy buena estudiante, lo que le permitió ingresar en el Loreto High School de Limuru, única escuela preparatoria católica de mujeres en Kenia. Corría el año 1956.

Esa trayectoria como buena estudiante le va a permitir seguir sus estudios en EE.UU. El final del colonialismo iba de la mano con el interés político de hacer accesible y mejorar la educación y las oportunidades para los y las jóvenes keniatas, incluso su salida al extranjero para las más destacadas. Y una de ellas era nuestra protagonista, gracias al acuerdo del entonces senador de los Estados Unidos, J.F. Kennedy, para financiar un programa de estudios a través de la Fundación Joseph P. Kennedy Jr., lo que más tarde se conoció como Kennedy Airlift o Airlift Africa. Así que Wangari partió, en septiembre de 1960 y junto con otros trescientos estudiantes kenianos seleccionados, hacia Estados Unidos. Tenía por aquel entonces 20 años, una gran capacidad para el estudio y una vocación humanitaria enorme.

De su niñez y adolescencia recuerda, entre otras, la sensación de trabajar en el campo, machete en mano, hasta el ocaso, belleza que contemplaba con admiración. Supongo que su vocación por la biología y el medio ambiente nacieron de esas experiencias infantiles de contacto directo con la tierra y la naturaleza. Cabe decir que a su experiencia adolescente de trabajar la tierra y contemplar la belleza de la naturaleza hay que unir su experiencia en Pittsburgh, donde participó por vez primera en una restauración medioambiental cuando ecologistas locales se propusieron limpiar el aire de la ciudad.

Lo cierto es que su buen hacer como estudiante le permitió obtener una beca para estudiar en el Mount St. Scholastica College, en Kansas, donde se graduó en Biología, además de avanzar en estudios de Química y de Alemán. Siguió sus estudios de Biología en la *Universidad de Pittsburgh* (financiada en esta ocasión por el Instituto Africano–Americano). Al acabar sus estudios, se le ofreció un puesto como asistente investigador de un profesor de zoología de la Escuela Universitaria de Nairobi.

Pero a su regreso a Kenia la realidad le dio un primer golpe: el puesto que le había sido otorgado fue ocupado por otro (un hombre), lo que ciertamente se debía a prejuicios sexistas y tribales. Tras dos meses de frustración, en los que encontrar trabajo como bióloga resultó ser misión imposible, tuvo la oferta de la Universidad de Giessen (Alemania), para trabajar como ayudante de investigación en el recién creado Departamento de Anatomía Veterinaria en la Escuela de Medicina Veterinaria de la Universidad de Nairobi. En 1967 viajó a la Universidad de Giessen en Alemania para realizar el doctorado.

Tras una estancia de dos años en esa universidad y en la de Munich, regresa a Nairobi para continuar sus estudios y en calidad de profesora adjunta de la universidad de esta ciudad. En 1971, ya madre de un niño, obtiene el doctorado; es, como decíamos, la primera mujer de África Oriental en obtenerlo. Poco después, en diciembre de ese mismo año, nacería su hija Wanjira.

Señalo el nacimiento de su hijo y de su hija, antes y después del doctorado, para resaltar el carácter luchador y valiente de nuestra protagonista, además de su sobresaliente inteligencia y sensibilidad. Hoffman, su mentor alemán, la describía como una «supermujer». Conquistado el doctorado, su coraje la lleva, entre 1972 y 1977, a una frenética actividad, como profesora en un mundo de hombres, como humanista y bióloga, en favor de la democracia y el cuidado del medio ambiente.

Así, promovió campañas a favor de la igualdad para las mujeres que trabajaban en la Universidad, cosa que no logró en una primera instancia porque iba contra la ley; de hecho, esas demandas de igualdad salarial, de oportunidades, de las mujeres que trabajaban en la universidad fueron negadas por los tribunales del país. Cabe decir que hoy en día la situación ha cambiado notablemente, precisamente gracias a aquellos esfuerzos de los años 70. Pero su actividad fue más allá de las reivindicaciones feministas de la Universidad, pues también se involucró en diversas organizaciones cívicas en esos mismos años 70: así, fue miembro de la delegación en Nairobi de la Sociedad de la Cruz Roja de Kenia (de la que fue su directora en 1973), así como de la Asociación Keniana de Mujeres Universitarias.

Su preocupación y sensibilidad por los problemas medioambientes la llevó a involucrarse en el Centro Ambiental Liason, creado en 1974, siendo primeramente miembro de la junta local y, posteriormente, su presidenta. Cabe decir que el Centro Ambiental Liason tuvo como principal objetivo y la participación en cuanto que ONG en el UNEP (Programa de las Naciones Unidas para el Medio Ambiente), cuyas oficinas centrales se abrieron en Nairobi tras la Conferencia de las Naciones Unidas sobre el Medio Humano celebrada en Estocolmo en 1972. Esta situación le permitió entender dos cosas: de un lado, que la raíz de la mayoría de los problemas de su país era la degradación medioambiental y, de otro, la importancia de las mujeres para atajar este problema tan grave. Esta segunda visión se consolidó cuando formó parte del Consejo Nacional de Mujeres de Kenia (NCWK).

El tercer elemento para progresar en la idea de la recuperación del medio ambiente quizás lo tuvo la implicación política de su marido, quien había prometido durante una campaña electoral aumentar los empleos en Kenia. Esto llevó a Wangari a relacionar esa situación con la recuperación ambiental, pues encajaba con la necesidad de dar empleo a los parados precisamente en la conservación del medio ambiente. De esta conexión nace la relación con *Envirocare Ltd.*, una empresa dedicada a la reforestación. Nació así el primer invernadero en el bosque Karura. Pero, aunque la idea era muy interesante, *Envirocare* tuvo múltiples problemas, especialmente de financiación, lo que llevó al fracaso de este proyecto. Pero no todo este esfuerzo fue en vano, porque el UNEP consiguió que Wangari asistiera a la primera Conferencia de Naciones Unidas sobre Asentamientos Humanos, conocida como *Hábitat I*, que tuvo lugar en Vancouver (Canadá) en junio de 1976.

La importancia de su asistencia a esta conferencia nos lo revela el hecho de que, al año siguiente, Wangari mostró lo que aprendió en *Hábitat I* al Consejo Nacional de Mujeres de Kenia (NCWK) y las convenció para impulsar la reforestación en el país. Así, el 5 de junio de ese mismo año (Día Mundial del Medio Ambiente), el NCWK realizó una marcha desde el Centro Internacional de Conferencias en Nairobi hasta el parque Kamukunji en las afueras de la ciudad, donde plantaron siete árboles en honor a líderes históricos de la comunidad. Este fue el primer «Cinturón Verde», conocido inicialmente como «Salvar la Tierra Harambee», que posteriormente se convirtió en el Movimiento Cinturón Verde (Green Belt Movement).

Desde la atalaya del Cinturón Verde, Wangari alentó a las mujeres de Kenia a crear invernaderos por todo el país, buscando semillas en bosques cercanos para sembrar árboles oriundos de la zona. Para incentivar este acción, se acordó pagar a las mujeres una pequeña remuneración por cada semillero que fuese plantado posteriormente en otros lugares. La salvación del planeta, al menos de Kenia, es esencialmente femenina.

Aunque la trayectoria de lucha tuvo en los años 70 un gran recorrido, en su vida personal nuestra protagonista sufrió un duro divorcio. El juez falló en su contra y quedó económicamente debilitada. No hay duda, era por ser mujer. Tanto se quebró, que su salario como profesora universitaria no era suficiente para mantener a sus tres hijos y tuvo que aceptar un trabajo en la Comisión Económica para África (a través del Programa de Naciones Unidas para el Desarrollo), con el obstáculo de tener que viajar por África (la base estaba en Zambia), de modo que no podía llevar a sus hijos con ella. Aquella fue una decisión difícil y dura, pero no vio alternativa y envió a los hijos con su exmarido, pero los visitaba regularmente.

También fue perseguida políticamente. Era una mujer demasiado audaz e inteligente como para darle opciones políticas, así que pusieron todas las trabas posibles para que no lo lograse. En su empeño llegó a perder su trabajo en la universidad e incluso su residencia en ella, por lo que tuvo que marcharse a vivir a una pequeña casa de su propiedad y, mientras buscaba trabajo, centró su esfuerzo en el NCWK. En ese tiempo contactó con ella W. Elsrud, director ejecutivo de la Sociedad Noruega de Silvicultura, quien quería asociarse con el Movimiento Cinturón Verde y le ofreció el puesto de coordinadora. Así es como logró de nuevo trabajo y en un lugar que la entusiasmaba, por lo que volcó sus esfuerzos en la renovación del Movimiento Cinturón Verde. Este impulso venido de Noruega, junto con un capital inicial que recibió del Fondo Voluntario para Mujeres de Naciones Unidas, le permitieron no solo expandir el movimiento con la contratación de empleadas, sino la posibilidad de algo más importante todavía como era continuar pagando una pequeña contribución a las mujeres que plantaban árboles por todo el país, e incluso dar una paga compensatoria a los maridos o hijos de las mujeres si, alfabetizados, eran capaces de llevar un registro preciso de las plántulas sembradas. Ella misma se convirtió también en una mujer «plantadora». Merece la pena leer su comentario al respecto:

«Pese a haber sido una mujer con educación superior –anota en uno de sus escritos–, no me pareció nunca raro trabajar con mis manos, a menudo de rodillas en el suelo, junto a campesinas. Algunos políticos y otras personas en los años ochenta y noventa me ridiculizaban por hacerlo, pero yo no tenía ningún problema y las campesinas aceptaban y apreciaban que estuviese trabajando con ellas para mejorar sus vidas y el medio ambiente. Después de todo, yo era una niña más de la misma tierra. La educación, si algo supone, no debería alejar a las personas de la tierra, sino inculcarles más respeto por ella, porque las personas educadas están en posición de entender lo que se está perdiendo. El futuro del planeta nos concierne a todos y debemos hacer lo que podamos para protegerlo. Como les decía a los silvicultores y a las mujeres, no necesitáis un diploma para plantar un árbol»[14].

En 1985, Naciones Unidas celebró la tercera conferencia de mujeres en Nairobi. Wangari aprovechó el evento para dar a conocer el proyecto del «Cinturón Verde» en Kenia y acompañó a delegadas para conocer los invernaderos. Aquello fue un verdadero impulso, porque no solo se recaudaron fondos para el Movimiento Cinturón Verde y expandir el proyecto Kenia, sino que, ya en 1986 y con financiación de la UNEP, el movimiento se expandió por toda África y condujo a la fundación de la Red Pan–Africana del Cinturón Verde. Se lograba con ello combatir la desertificación, la deforestación, la sequía y la hambruna rural.

Pero, a pesar de su publicidad internacional, el gobierno de Kenia solicitó que el Movimiento Cinturón Verde se escindiera del NCWK, al pensar que la organización debería enfocarse solamente en los asuntos de las mujeres, no en temas ambientales, lo cual rompía una ecuación que había funcionado perfectamente y, diría yo, indisolublemente: mujer y cuidado del medio ambiente o salvación de la Tierra. Como no había más remedio, en 1987 Wangari dejó la presidencia del NCWK y se decantó por su labor medioambiental.

---

[14] *Unbowed. A memoir.* Anchor Books, 2007, pp. 137–138

Pero la persecución política no cesó. Así, en la segunda mitad de los años 80, el gobierno keniano se volvió contra Wangari y el Movimiento Cinturón Verde, porque no solo se trataba de cuidar el medio ambiente sino de potenciar la democracia y los derechos humanos. Y eso al gobierno del régimen unipartidista no le gustaba en absoluto. Tanto era así, que el gobierno invocó una ridícula ley de la era colonial que prohibía a grupos de más de nueve personas juntarse sin primero obtener una licencia gubernamental.

Ya conocemos el caso del complejo Kenya Times Media Trust en el gran parque Uhuru, y de cómo reaccionó nuestra protagonista, como también el presidente Moi y sus palabras degradantes sobre ella y, en general, sobre la mujer africana. Ahí vemos a la mujer coraje que es Wangari. Fruto de esa protesta, el gobierno forzó la situación y obligó a desalojar su oficina, de modo que el movimiento Cinturón Verde se trasladó a su domicilio. Pero, a pesar de todo, la cobertura que tuvo su protesta en muchos medios de comunicación obtuvo sus frutos y los inversores extranjeros cancelaron el proyecto en enero de 1990.

Maathai siguió su lucha en todos los ámbitos: ecológico, por el cuidado del medio ambiente; político, para restablecer la democracia en Kenia; feminista, para empoderar a las mujeres keniatas; contra el SIDA, cuando este asoló África y el mundo entero; etc.

Como nota curiosa, también en España tiene su repercusión, como el caso de la ciudad de Córdoba, a través del proyecto Mural Parque Wangari Maathai con el fin de promover el respeto de los derechos humanos. Muere el 25 de septiembre de 2011, siete años después de obtener el Nobel de la Paz.

2. Legado

Motivo: generó una red grande de trabajo para apoyar al desarrollo sostenible en su país. También hizo activismo en la defensa de la democracia y la paz.
Palabras clave: medio ambiente, democracia, paz, discriminación, SIDA, doctorado, opresión.

«En el premio de este año, el Comité Noruego del Nobel ha colocado la cuestión crítica del medio ambiente y su vínculo con la democracia y la paz ante el mundo. Por su acción visionaria, estoy profundamente agradecida. Reconociendo que el desarrollo sostenible, la democracia y la paz son indivisibles, es una idea cuyo momento ha llegado. Nuestro trabajo durante los últimos 30 años siempre ha sido apreciado y estableció estos vínculos.

Mi inspiración proviene en parte de las experiencias de mi infancia y de las observaciones de la naturaleza en las zonas rurales de Kenia. Ha sido influenciado y nutrido por la educación formal que tuve el privilegio de recibir en Kenia, Estados Unidos y Alemania. Mientras crecía, fui testigo de la tala de bosques y su reemplazo por plantaciones comerciales, lo que destruyó la biodiversidad local y la capacidad de los bosques para conservar agua.

(…) A medida que comprendimos progresivamente las causas de la degradación ambiental, vimos la necesidad de una buena gobernanza. De hecho, el estado del medio ambiente de cualquier país es un reflejo del tipo de gobernanza vigente, y sin buena gobernanza, no puede haber paz. Es probable que muchos países que tienen sistemas de gobernanza deficientes tengan también conflictos y leyes deficientes para proteger el medio ambiente».

(Wangari Maathai, discurso de aceptación del Premio Nobel de la Paz de 2004)

3. Claves del discurso

Tras el cordial saludo a los reyes de Noruega y a los honorables miembros del comité noruego del Nobel, Wangari se dirige llamando la atención de ser la primera mujer africana en recibir este premio. Subrayamos esta cuestión, que no te sorprenderá porque ya conoces el caso de Shirin Ebadi: hemos tenido que esperar a 2004, pasado el umbral del siglo XXI y pasados más de 100 años de la entrega de los premios Nobel (el primero fue para el francés Frédéric Passy y el suizo Jean Henri Dunant), para que una mujer de uno de los continentes más grandes obtenga el mayor galardón por la paz.

Nuestra protagonista acepta el galardón tanto en nombre propio como en el del pueblo de Kenia y África. Y, al hacerlo, subraya que lo hace pensando «especialmente en las mujeres y las niñas», pues espera que con esta concesión las anime a «alzar la voz y ocupar más espacio para el liderazgo». Y añade algo más, de especial interés a mi modo de ver: espera que este premio sirva para que a las jóvenes, sin desdeñar a los jóvenes, les inste a «perseguir sus sueños» de libertad y de justicia, también los personales. Por eso mismo, si eres joven, se está refiriendo a ti; pero también si eres mayor, porque puedes preguntarte qué fue de tus sueños de juventud y qué puedes hacer para recuperar algunos de ellos, empezando quizás por los que tengan que ver con la libertad y la justicia.

Dedica este premio a las personas que «trabajan silenciosamente y a menudo sin reconocimiento para proteger el medio ambiente, promover la democracia, defender los derechos humanos y garantizar la igualdad entre mujeres y hombres. Por eso, al hacerlo, plantan semillas de paz».

Como hemos visto ya, el trabajo de nuestra protagonista se ha desarrollado en el sentido de recuperar el medio ambiente, la biodiversidad, sin desvincularlo de la democracia y de la paz, porque de otro modo no sería posible hacerlo.

Aunque desde pequeña reconoce su sensibilidad por el cuidado del medio ambiente, hay que situar su trabajo en pro de este a partir de 1977, cuando inició, junto con otras personas, lo que conocemos como Movimiento del Cinturón Verde. Este movimiento surge a partir de la demanda de las mujeres rurales, pues la tarea de sostenibilidad de sus hogares se veía dificultada por la falta de leña, agua potable, dietas equilibradas, vivienda e ingresos. ¿Cómo iban a cuidar y a alimentar a sus familias? Debes saber que en toda África las mujeres son las principales cuidadoras y tienen una responsabilidad importante en el cultivo de la tierra y la alimentación de sus familias. De hecho, actualmente, la práctica totalidad de los proyectos cooperativistas para el desarrollo de los pueblos africanos se conceden a las mujeres porque las ONG se dieron cuanta de que solo así esos proyectos prosperaban; dicho en crudo, si se hacía responsable a los hombres, la mayor parte de ellos proyectos fracasaban.

Así es como esas mujeres de finales de los años 70 se dieron cuenta de la situación y empezaron a tomar conciencia del daño ambiental que se iba ocasionado precisamente a medida que los recursos naturales se volvían tan escasos que ya eran incapaces de sustentar a sus familias. Algo había cambiado y ya no podían satisfacer sus necesidades básicas. Pero, ¿qué es lo que había cambiado?

Hubo dos factores principales: de un lado, la degradación de su entorno inmediato; de otro, la introducción de la agricultura comercial, que acabó reemplazando el cultivo propio de alimentos domésticos. ¿Algún problema al respecto? Claro que sí, porque es el comercio internacional quien controla el precio de las exportaciones de las pequeñas parcelas agrícolas y así no se puede garantizar un ingreso razonable y justo. Se evidencia que «cuando el medio ambiente es destruido, saqueado o mal gestionado, socavamos nuestra calidad de vida y la de las generaciones futuras».

La primera de las apuestas de Wangari fue la reforestación como «opción natural» para abordar algunas de las necesidades básicas iniciales identificadas por las mujeres. El proyecto es audaz, porque la plantación de árboles es «sencilla, alcanzable y garantiza resultados rápidos y exitosos en un tiempo razonable», pero también porque, siendo así, «sostiene el interés y el compromiso» y se mantiene el sentido cooperativo y solidario de las mujeres y de los pueblos. Los más de 30 millones de árboles ya plantados en el primer proyecto están proporcionando combustible, alimento, refugio e ingresos para apoyar la educación de sus hijos/as y las necesidades del hogar.

¡Cuánto beneficio reporta el cuidado del medio ambiente! Wangari asegura que esta actividad también genera empleo y mejora suelos y cuencas hidrográficas. Y, quizás sobre todo, «las mujeres obtienen cierto grado de poder sobre sus vidas, especialmente sobre su posición social y económica y su relevancia en la familia». Este trabajo continúa a día de hoy.

Quisiera destacar, de nuevo, todos los beneficios de los que estamos hablando cuando se cuida el medio ambiente, en una simbiosis natural: necesidades básicas cubiertas, posibilidad de educación para la prole, mayor autonomía personal para las verdaderas protagonistas del trabajo y del cuidado, y regeneración y mejora general del medio ambiente. De nuevo, la teoría del *desarrollismo* y del colapso se nos hacen presentes.

De todos modos, no fue un proceso fácil, y esto por varias razones que interesa destacar para poder comprender un poco más en qué situación se encuentran los pueblos colonizados y expoliados. En primer lugar, porque –como señala la misma Wangari– «históricamente nuestro pueblo ha sido persuadido a creer que, por ser pobre, carece no solo de capital, sino también de conocimientos y habilidades para enfrentar sus desafíos. En lugar de ello, están condicionados a creer que las soluciones a sus problemas deben venir "de fuera"». Ahora ya no. En segundo lugar, porque las mujeres, verdadero motor de la economía familiar, no acaban de ser conscientes de ello, esto es, de su importancia vital; es más, no se daban cuenta, señala Wangari, de que «satisfacer sus necesidades dependía de que su entorno fuera sano y estuviera bien gestionado». Ahora sí. En tercer lugar, porque precisamente un medio ambiente degradado no solo empobrece al entorno familiar, sino que conduce a una lucha por los recursos escasos y, lo que es peor, a conflictos. Finalmente, poco sabían de las injusticias de los acuerdos económicos internacionales.

Así pues, para poder iniciar y consolidar el proyecto que Wangari había ideado, necesitaba primeramente desarrollar un programa de educación para que identificaran los problemas, las causas y las posibles soluciones. Un programa educativo al que estaba convocado todo el mundo, porque en él se trataba finalmente de que hiciesen «conexiones entre sus propias acciones personales y los problemas que presencian en el medio ambiente y en la sociedad», programa en el que aprendían a analizar toda una «letanía de males: corrupción, violencia contra mujeres y niños, desintegración y ruptura de familias y desintegración de culturas y comunidades», y un largo etcétera.

Pero, a pesar de la importancia de este programa educativo, el problema central está en el frente ambiental, porque estos pueblos están expuestos a muchas actividades humanas que son devastadoras para el medio ambiente y las sociedades, que «incluyen la destrucción generalizada de los ecosistemas, especialmente a través de la deforestación, la inestabilidad climática y la contaminación de los suelos y las aguas», que fueron la fuente de riqueza de estas poblaciones y ahora, en esa situación crítica, contrariamente «contribuyen a una pobreza insoportable». Ese es el grito principal de Wangari, porque todo gira en torno a la tierra, al ecosistema vital.

En el proceso, los participantes descubren que deben ser parte de las soluciones.

En fin, a través del Movimiento del Cinturón Verde, miles de ciudadanos y ciudadanas fueron movilizadas y empoderadas para actuar y lograr cambios. Este movimiento les enseñó a superar el miedo y la impotencia y, desde ahí, defender los derechos democráticos.

No puedo acabar este análisis del discurso de Wangari sin hacer referencia al árbol como símbolo. Porque, como bien dice, el árbol se convirtió en un símbolo de paz y resolución de conflictos. De hecho, el Movimiento del Cinturón Verde utilizó árboles de la paz para reconciliar a las comunidades en disputa. También cabe recordar que durante la reescritura de la Constitución de Kenia se plantaron árboles de paz similares en muchas partes del país para promover una cultura de paz. De hecho, el uso de árboles como símbolo de paz está en consonancia con una tradición africana muy extendida.

En los viajes que realizo con mi alumnado a Berlín, tras las huellas de los totalitarismos, hay un Memorial que siempre me ha parecido extraordinario por sencillo. En Am Bahnhof Grunewald, próximo al andén 17 (desde donde partían los judíos de Berlín deportados hacia distintos campos de exterminio), hay plantados árboles originarios de esos mismos campos de exterminio, especialmente de Auschwitz.

Acabo recordando la referencia de Wangari Maathai a los más jóvenes: «Me gustaría hacer un llamado a los jóvenes a comprometerse con actividades que contribuyan a alcanzar sus sueños a largo plazo. Tienen la energía y la creatividad para dar forma a un futuro sostenible. A los jóvenes les digo que sois un regalo para vuestras comunidades y, de hecho, para el mundo. Sois nuestra esperanza y nuestro futuro».

4. ¡Indignaos!
Para pararse a pensar

Año 2050. Europa. España. Carlos Taibó: Colapso.

Para indignarse

¿Estamos cumpliendo los requisitos necesarios para evitar el caos, el colapso, fechado hacia el año 2050? ¿Es la agenda 2032 suficiente? ¿Realmente se están cumpliendo los objetivos marcados?

Parque natural Uhuru (Nairobi), salvado del asfalto por Wangari

Deforestación. (Getty Images)

XIII/2011
Ellen Johnson Sirleaf

Cuando, en 1984, el presidente de Liberia, Doe, decidió disolver la junta militar que gobernaba el país y levantar las proscripciones que pesaban sobre los partidos políticos, nuestra protagonista se encontraba exiliada en Nairobi (Kenya), en su puesto de trabajo en la Oficina Regional para África del Citibank, del que era vicepresidenta. Era un puesto relevante, para el que tenía gran formación, pero ante la noticia sobre su país y su inquietud política, eligió regresar. Esa decisión marcaría su vida, pues supuso formar parte de un partido político que iba tener gran relevancia: el Partido de Acción de Liberia (LAP), un partido de corte liberal que iba a enfrentarse al Democrático Nacional de Liberia (NDPL), fundado por Doe y los militares.

Las elecciones generales se convocaron para el 15 de octubre de ese mismo año. Nuestra protagonista era candidata a senadora, pero las cosas se torcieron porque a finales de julio la arrestaron (arresto domiciliario) dado que, en una conferencia dada días atrás en Filadelfia (durante un encuentro de la Unión de Asociaciones Liberianas de las Américas), se atrevió a hablar del programa de obras públicas del gobierno vigente como de «inversión improductiva» y llamó «idiotas» a los miembros del Gobierno. Aquello no podía quedar así para el todavía presidente–dictador, Doe, y acabó en arresto domiciliario para ella. Fue acusada de haber puesto en peligro «la paz y la estabilidad del país» y condenada a diez años de cárcel. No cumplió condena por la intervención del gobierno de los EE.UU., que exigió al gobierno de Doe una amnistía para los prisioneros del LAP bajo la amenaza de congelar la ayuda económica comprometida. Lo que ya no pudo evitar el gobierno de EE.UU fue el fraude electoral, por lo que las aspiraciones políticas de nuestra protagonista se vieron, de nuevo, frustradas.

Hablamos de Ellen Johnson Sirleaf, quien nace en Monrovia el 29 de octubre de 1938, y recibe el Premio Nobel de la Paz el año 2011.

1. Itinerario vital

Aparte del Premio Nobel de la Paz, cabe destacarla como la primera mujer presidenta electa en África, cargo que ocupa hasta 2018. Ya tenía cierto recorrido político, pues fue ministra de Hacienda bajo el mandato del presidente W. Tolbert desde 1972 hasta el golpe de Estado de 1973.

De familia pobre, no obstante logró licenciarse en Economía en el Colegio de África Occidental en su ciudad natal. Viajó a América en 1961 para continuar sus estudios en la Universidad de Colorado, donde finalmente obtuvo un grado. Siguió sus estudios en Harvard (1969 a 1971). Muy bien formada, regresó a su país para trabajar bajo el gobierno de W. Tolbert.

Cuando un golpe de estado derrocó al gobierno y fusiló a varios miembros de él, incluido el presidente, ella logró escapar y se exilió en Kenia. Era el año 1983. Gracias a su formación, durante el tiempo que pasó en Kenia ocupó el puesto de directora del *Citibank* en Nairobi. Cuando Samuel Doe disolvió la junta militar, nuestra protagonista decidió regresar a Liberia para participar en las elecciones y ayudar a instaurar una democracia duradera. Pero su radical oposición a Doe la llevó a ser detenida y condenada a arresto domiciliario por 10 años aunque, como sabemos, pudo librarse en parte de esta condena dada la intervención del gobierno de los EE.UU. Como contrapartida, Ellen aceptó marchar al exilio, a Washington.

De 1992 a 1997 trabajó como asistente y después como directora del Desarrollo de las Naciones Unidas del Programa de la Oficina Regional para África.

Vuelve a Liberia durante los disturbios civiles que derrocaron a Doe. Se presentó a las elecciones de 1997, aunque obtuvo un mal resultado. Eran tiempos complejos. Ella es acusada de traición, tratando de evitar que progresase en sus intenciones políticas. Fruto de este tiempo complejo es la guerra civil de 1999, que se resolvió con un nuevo gobierno provisional y la firma de un histórico acuerdo de paz. Ellen se postuló como candidata a presidenta, pero finalmente se seleccionó a Gyude Bryant, de un perfil más neutral. El país se preparaba para unas elecciones democráticas en 2005, elecciones que ganó, ahora sí, nuestra protagonista.

El 23 de noviembre de 2005, se confirmó como la próxima presidenta de Liberia. Y pasó, además, a ser miembro del Consejo de Mujeres líderes Mundiales, una red internacional de presidentas y primeras ministras, cuya intención es movilizar a las mujeres para empoderarse a nivel político mundial y para coordinarse en acciones colectivas para fomentar la equidad. Pronto, en agosto de 2007, emitió una orden ejecutiva en la que la educación primaria fue declarada gratuita y obligatoria para todos los niños/as en edad escolar.

En marzo de 2012 se vio envuelta en una fuerte polémica por unas declaraciones en las que defendía la criminalización de la homosexualidad en su país en un momento en el que se debatían dos proyectos para endurecer las penas, bajo el falso argumento –según señaló a algún medio de comunicación, como el *The guardian*– de la existencia de ciertos valores tradicionales de la sociedad liberiana que era bueno seguir conservando. A causa de ello varias organizaciones defensoras de los derechos de los homosexuales iniciaron una campaña para que el Premio Nobel, concedido un año antes, le fuese retirado. Y ya sabemos que eso no es posible.

No fue la única situación comprometida o crítica que recibió, como el caso del nombramiento de uno de sus hijos como vicegobernador del Banco Central de Liberia o el de otro como presidente de la Compañía Nacional de Petróleo de Liberia, o bien los pocos avances reales durante su mandato en relación con los derechos de las mujeres y las políticas de igualdad de género. Llegó a tildar el feminismo de extremismo.

Con todo, lo cierto es que Ellen ha logrado una década de paz en Liberia y consolidar allí la democracia, gestionando una insual transición pacífica tras perder las elecciones en 2017, en segunda vuelta.

2. Legado

Motivo: su lucha sin violencia por la seguridad de las mujeres y sus derechos, y una apuesta clara por la democracia y la paz en Liberia.
Palabras clave: libertad, cautiverio, escolarización, democracia, estabilidad política, coraje, niños soldado.

«Honro la memoria de innumerables mujeres cuyos esfuerzos y sacrificios nunca serán reconocidos, pero que, en sus luchas privadas y silenciosas, ayudaron a dar forma a nuestro mundo...

Mi vida estuvo salvaguardada cuando miles de personas se movilizaron en todo el mundo para liberarme de la prisión, y mi vida se salvó gracias a actos individuales de compasión de algunos de mis captores.

Mi vida se transformó para siempre cuando tuve el privilegio de servir al pueblo de Liberia, asumiendo la tremenda responsabilidad de reconstruir una nación casi destruida por la guerra y el saqueo.

No existía una hoja de ruta para la transformación posconflicto. Pero sabíamos que no podíamos permitir que nuestro país volviera al pasado. Entendimos que nuestra mayor responsabilidad era mantener la paz».

(Ellen Johnson Sirleaf, discurso de aceptación del Premio Nobel de la Paz de 2011, titulado *¡Una voz por la libertad!*)

3. Claves del discurso

Con el grito «¡Una voz por la libertad!», Ellen se dirigió, desde Oslo, a todo el mundo «en nombre de todas las mujeres de Liberia, las mujeres de África y las mujeres de todo el mundo que han luchado por la paz, la justicia y la igualdad».

Tras este inicio en que carga con el sufrimiento y la lucha de todas las mujeres, un gesto emotivo para el pueblo de Noruega, recordando la tragedia a la que se enfrentó el país, a principios de ese mismo año 2011, con el asesinato de 77 personas y más de un centenar de heridas, en un asalto deliberado que fue también un atentado contra las entrañas de una democracia de larga tradición en un país pacífico.

Así pues, desde ese principio universal de defensa de la mujer y el gesto particular del atentado del 22 de julio, Ellen Johnson cita a las otras once mujeres anteriormente premiadas con el mismo galardón de la Paz.

También destaca un hecho importante. Recuerda el discurso, al aceptar el Nobel de la Paz de 2004, de Maathai, en el que dijo: «¡Aquellos de nosotros que hemos tenido el privilegio de recibir educación, habilidades y experiencias e incluso poder, debemos ser modelos a seguir para la próxima generación de liderazgo! ¡Que todos nos resolvamos a cumplir ese deber!».

A lo que invita Ellen, haciéndose eco del profesor Maathai, es a la triada que elaboró el tristemente asesinado Ignacio Ellacuría: hacerse cargo de la realidad, cargar con ella y encargarse de ella. Impulsando estas tres acciones, desarrollamos tres valores humanos esenciales, de los que tanto habló Viktor Frankl: creativos (dar), experienciales (agradecer) y actitudinales (libertad de actitud ante las situaciones no elegidas). Estos tres valores, coaligados con las tres acciones o «cargos» de Ellacuría moverían el mundo hacia la justicia, la paz y el bien.

Estos valores y esta triada forman parte de la vida de Ellen, también de sus otras dos compañeras galardonadas. De hecho, Ellen dice de ellas, en su discurso, lo que sigue:

«Tawakkul, eres una activista inspiradora de la paz y los derechos de las mujeres. En tu país prevalece el gobierno autocrático; pero donde ellas no tenían voz, tú encontraste la manera de ser escuchadas. Leymah, eres una pacificadora. Tuviste el coraje de movilizar a las mujeres de Liberia para recuperar su país. Redefiniste la "línea del frente" de un conflicto civil brutal —mujeres vestidas de blanco manifestándose en las calles—, una barrera que ningún señor de la guerra fue lo suficientemente valiente para cruzar».

Tras esta breve pero emotiva y certera referencia, pasa a hacer una semblanza personal, señalando que el suyo «ha sido un largo viaje, el viaje de toda una vida hasta Oslo. Fue moldeado por los valores de mis padres y mis dos abuelas (indígenas liberianas, granjeras y comerciantes en el mercado), ninguna de las cuales sabía leer ni escribir. Me enseñaron que solo a través del servicio la vida es verdaderamente bendecida». Ahí encontramos el valor creativo y también el experiencial. Dar y agradecer.

Pero su reconocimiento y su agradecimiento no se detienen en sus progenitores. También, en un gesto que la honra, agradece «el apoyo de muchos profesores y mentores que me guiaron a un mundo abierto por la iluminación de la educación superior y que me llevó a la convicción de que el acceso a una educación de calidad es la cuestión de justicia social de nuestro tiempo».

El resto de su vida, entre el dar y el agradecer, pasa por el sufrimiento, incluso de cárcel, y la capacidad para seguir eligiendo la lucha por la paz, aun a sabiendas del peligro personal que corría su vida. Una vida cuya lucha se centra en la violencia contra la mujer y la constante denuncia, como se puede apreciar en este párrafo de su discurso: «A través de la mutilación de nuestros cuerpos y la destrucción de nuestras ambiciones, las mujeres y las niñas han pagado desproporcionadamente el precio de los conflictos armados nacionales e internacionales. Hemos pagado con monedas de sangre, lágrimas y dignidad. Sin embargo, la necesidad de defender los derechos de las mujeres no se limita al campo de batalla, y las amenazas a esos derechos no emanan únicamente de la violencia armada. La educación de las niñas es vista con demasiada frecuencia como un capricho innecesario en lugar de como una inversión clave. Con demasiada frecuencia se disuade a las niñas de seguir una formación académica por muy prometedoras que puedan ser».

A pesar de todo, de tantos conflictos y violencias, Ellen encuentra motivos para la esperanza: el Derecho Internacional, la conciencia de los derechos humanos, la apertura política y las tentativas democráticas en países tradicionalmente alejados de ella, también la voz de muchas mujeres y cada vez más hombres de todos los ámbitos de la vida están encontrando el valor para decir, en voz alta y firme, en mil idiomas, «basta ya, no más», rechazando así la violencia sin sentido y defendiendo los valores fundamentales de la democracia, la sociedad abierta, la libertad y la paz. A todo ello viene a unirse la tecnología, gracias a la cual lo que sucede en un lugar se ve en todos los rincones, de modo que proporciona un altavoz contra las violencias, etc.; en fin, cree Ellen que «no ha habido mejor momento para difundir la paz, la democracia y su consecuente justicia social y equidad para todos».

Hay, pues, motivos para la esperanza. Por eso insta a todas las mujeres y todos los hombres a no tener miedo para poder alzar su voz contra la violencia, la injusticia… «aunque te superen en número», aunque tu voz sea pequeña.

Esto nos puede recordar el sermón de Niemöller, que pasó por ser un poema de Brecht:

Sí, Hitler atacó a los comunistas, pero ¿no eran ateos y revolucionarios?

Y sí, aniquiló a los incapacitados y los enfermos, pero ¿no eran una carga para la sociedad?

Y, claro, exterminar a los judíos era deplorable, pero los judíos no son cristianos, ¿verdad?

Y lo de los países ocupados era una lástima, pero por lo menos eso no ocurrió en Alemania ¿no es cierto?

Ninguna excusa justificaba todo eso.

No podemos negar la necesidad de expiación con la excusa de que «me habrían matado si hubiera hecho algo». Preferíamos mantener silencio.

¿Qué hubiese hecho falta para que los 14.000 pastores protestantes y sus comunidades, o cualesquiera otras personas, hubiesen reaccionado de modo contrario? (…)

Está absolutamente claro que no somos inocentes y me pregunto una y otra vez: ¿qué habría pasado si en el año 1933 ó 1934, 14.000 pastores protestantes y todas las comunidades protestantes de Alemania hubieran defendido la verdad hasta la muerte? Si hubiéramos dicho: «No es correcto que Hermann Göring simplemente meta en campos de concentración a 100.000 comunistas para que mueran». Puedo imaginar que tal vez 30.000 ó 40.000 cristianas protestantes habrían muerto, pero también puedo imaginar que habríamos salvado a 30 o 40 millones de personas, porque eso es lo que el silencio nos costó».

En fin, hacia el final de su discurso, Ellen expresa un deseo universalizable. Dice así: «Si pudiera hablar así a las niñas y mujeres de todo el mundo, les haría esta sencilla invitación: ¡Mis hermanas, mis hijas, mis amigas, encuentren sus voces! Cada una de nosotras tiene su propia voz y las diferencias entre nosotras deben celebrarse. Pero nuestros objetivos están en armonía. Son la búsqueda de la paz, la búsqueda de la justicia. Son la defensa de los derechos que tienen todas las personas (…). Necesitamos que nuestras voces sean escuchadas. ¡Encuentra tu voz! ¡Y alza la voz! ¡Que la tuya sea una voz por la libertad!».

4. ¡Indignaos!
Para pararse a pensar

Hemos visto que Ellen formó parte del Consejo de Mujeres Líderes Mundiales. ¿Por qué no existe un Consejo de Hombres Líderes Mundiales? ¿O sí existe?

Para indignarse

Según informa la ONU, a día de hoy solo el 6% de países tienen a una mujer como jefa de Estado y apenas un 7% presidiendo un Gobierno. En total, de 193 países, solo 27 mujeres ocupan una de esas dos funciones. Por regiones, Europa, especialmente la del norte, es la que más mujeres tiene en altos cargos en todo el mundo. En España, el número de presidentes del gobierno desde la democracia (1978) es de siete (algunos han repetido presidencia), de presidentas es de cero. Antes de la dictadura franquista tampoco las hubo. ¿Es que las mujeres no quieren gobernar, no saben gobernar, no valen para gobernar… o se trata de otra cosa?

África	América	Ásia	Europa	Oceanía
R.D. del Congo	Barbados	Bangladesh	Bosnia y Herzegovina	Islas Marshall
Etiopía	Dominica	Georgia	Dinamarca	Samoa
Moldova	Honduras	India	Estonia	
Togo	Perú		Grecia	
Tanzania	Trinidad y Tobago		Italia	
	México		Letonia	
			Lituania	
			Malta	
			Macedonia del Norte	
			Eslovaquia	
			Eslovenia	

Vigente a 3 de junio de 2024. 27 mujeres Jefas de Estado o Gobierno.
(Fuente: Informe de Mujeres en la política, 2023, de ONU Mujeres)

Si sientes curiosidad visual, solo tienes que colorear los 27 países donde la dirigente principal es una mujer, los otros casi 170 puedes dejarlos en blanco.

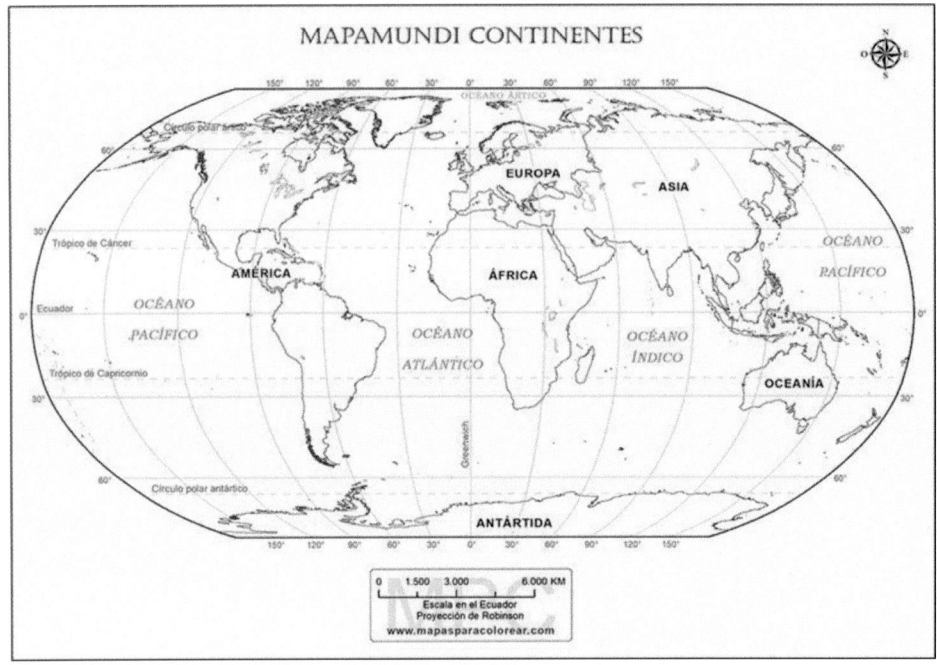

XIV (2)/2011
Leymah Roberta Gbowee

Tenía 17 años cuando estalló la primera guerra civil en Liberia. La golpeó directamente. Pasó por campos de refugiadas, por las terribles agresiones y sus consecuencias psicológicas y físicas, que también afectaron, y muy especialmente, a las niñas, también para los niños soldado. Y es desde esa experiencia traumática que decide formarse como terapeuta (cosa que hace ya durante el periodo de guerra, en Monrovia). Su principal tarea entonces fue encargarse de los niños que fueron soldados del ejército de Charles Taylor.

Pero es una joven resiliente. De estos traumas extrae diversas lecciones de vida y, sobre todo, el aliento de su vocación, una vocación dirigida al amparo de las personas que sufren los traumas de la guerra y de la ausencia de paz; esos efectos se ceban en las mujeres, en los niños y, especialmente, en las niñas. Solo eso puede explicar su empatía, su resiliencia y su empoderamiento como mujer y madre coraje, y la lleva a recorrer las sendas más peligrosas a las que cualquier persona puede enfrentarse, cara a cara. Se trata de los «señores de la guerra», se trata de los hombres para los que las mujeres no existen.

Toda aquella situación le hizo pensar que la paz es femenina o no será; o lo que viene a ser lo mismo, si el pueblo de Liberia tenía una oportunidad de progresar, sería gracias a las mujeres, especialmente a las madres.

Esa joven resiliente es Leymah Gbowee y comparte con Ellen Johnson el Premio Nobel de la Paz, también la nacionalidad, pues nace en Monrovia, aunque bastantes años más tarde que Ellen, el 1 de febrero de 1972.

1. Itinerario vital de Leymah Roberta Gbowee

Su liderazgo en Mujeres de Liberia Acción Masiva para la Paz (WLMAP) fue clave para poner fin a la segunda guerra civil en Liberia, en 2003. De hecho, esta pacificación fue, en parte, la que puso las condiciones para que Ellen llegase a ser la primera presidenta de una nación africana, como sabemos. Pero, a mi entender, hay grandes diferencias entre ambas mujeres, empezando porque Leymah es más conscientemente feminista que Ellen y menos activista política.

Creo que, en parte, su itinerario vital feminista y pacifista está marcado por los abusos que sufrió como refugiada, en campos de refugiados y, quizás sobre todo, porque tuvo que soportar un matrimonio de violencia diaria. Tuvo cuatro hijos.

Su formación como terapeuta le permitió emplearse como trabajadora social y así pudo llevar a la práctica su idea de que son las mujeres la oportunidad para Liberia. Para canalizar esta idea, organizó lo que ella misma llamó, significativamente, *Women of Liberia Mass Action for Peace*.

Todo comenzó con una protesta de la mujeres nativas en un mercado de pescado en la que la paz era la prioridad. Convenció a las mujeres cristianas y musulmanas para que se uniesen en un mismo rezo por la paz. Así, con estos actos sencillos, fue como Leymah logró que miles de mujeres se convirtieran en una fuerza política contra la violencia y contra el gobierno. Este movimiento logró que el entonces presidente Charles Taylor se comprometiese a asistir a las conversaciones de paz en Ghana. Como el compromiso podía quedar en el aire, nuestra protagonista se aseguró de la intervención de Liberia encabezando una delegación de mujeres liberianas que viajó a Ghana para seguir presionando con su presencia el necesario proceso de paz. Fiel a su estilo, este grupo de mujeres se concentró en los alrededores del Palacio Presidencial, en Acra, y realizó una manifestación silenciosa pero tan potente que logró que se llegara a un acuerdo cuando las conversaciones de paz estaban totalmente estancadas.

Poco después aparece la WIPNET, la Red de Mujeres de Consolidación de la Paz, organización que publicó una declaración en la que se señalaba que, aunque en el pasado las mujeres quedaban en silencio, aunque las violaran, asesinaran y fueran infectadas por enfermedades como el SIDA, había llegado el momento de decir no, no a la violencia y sí a la paz, si es que querían lograr un futuro para Liberia, o lo que era igual, un futuro en que sus hijos e hijas tuviesen una oportunidad, en el que las familias no fueran destruidas, las mujeres violentadas y deshumanizadas. Acababan el escrito exigiendo la paz, con la advertencia de que no cederían hasta lograr que esta prevaleciese.

Este movimiento de mujeres demostró al mundo que son la clave para lograr la paz en el mundo. No tanto los políticos como el movimiento pacífico y pacifista, especialmente feminista. Por eso, Leymah reivindica el empoderamiento de las mujeres, la existencia de mujeres en posiciones de liderazgo porque son ellas las verdaderas intermediarias eficaces para la paz. Se necesitan movimientos de base para lograr la paz, la justicia social, en fin, el progreso de los derechos humanos.

Leymah está convencida de que, a pesar de todas las dificultades, la experiencia liberiana es un buen ejemplo de los logros que este tipo de movimiento puede alcanzar, especialmente en África. Las mujeres africanas han de empoderarse para pedir la paz y la palabra, palabra que hasta no hace mucho era exclusivamente masculina.

En su puesto de directora ejecutiva de la Red Africana de Paz y Seguridad para las Mujeres, con sede en Acra (Ghana), nuestra protagonista tiene como misión principal lograr el empoderamiento de las mujeres en la región del oeste de África como único modo eficaz de prevenir, evitar y terminar con los conflictos.

2. Legado

Leymah toma la palabra tras el discurso de su compañera Ellen Johnson. Al igual que su predecesora, también ofrece su galardón a todas las mujeres del mundo. De ahí viene su lucha y su esfuerzo común, y pide además un momento de silencio en honor a siete compañeras de Costa de Marfil violentamente asesinadas.

Motivo: su lucha no violenta por los derechos de la mujer a participar en la construcción de la paz.
Palabras clave: madre coraje, milicias, empoderamiento, resiliencia, campos de refugiadas.

> «¡Sí! Ha llegado en un momento en que en muchas sociedades donde las mujeres solían ser víctimas silenciosas y objetos del poder de los hombres, las mujeres están derribando los muros de las tradiciones represivas con el poder invencible de la no violencia. Las mujeres están utilizando sus cuerpos destrozados por el hambre, la pobreza, la desesperación y la miseria para mirar por el cañón del arma. Este premio llega en un momento en que las madres comunes y corrientes ya no suplican por la paz, sino que exigen paz, justicia, igualdad e inclusión en la toma de decisiones políticas».

(Leymah R. Gbowee, discurso de aceptación del Premio Nobel de la Paz en 2011)

3. Claves del discurso

En Leymah R. Gbowee encontramos la figura de la madre coraje. Como ella misma relata, se reunió junto con otras seis mujeres, «armadas únicamente con nuestra convicción y 10 dólares estadounidenses», iniciando la que se conoció como Campaña de Acción Masiva por la Paz de Mujeres de Liberia. Una campaña y una acción absolutamente necesarias porque las mujeres se habían convertido, en expresión suya, en el «juguete de guerra» de las jóvenes milicias. Con estas milicias llegó al abuso y la explotación sexuales: «Fuimos violadas y abusadas sin importar nuestra edad, religión o estatus social». De hecho, una escena diaria y común era la de una madre viendo cómo reclutaban a la fuerza a su hija o cómo se llevaban a su hija como esposa de otro «guerrero» envalentonado.

De ahí nace el sentido de madre coraje para Leymah y todas las mujeres de sus campañas: «Usamos nuestros dolores, cuerpos destrozados y emociones marcadas para enfrentar las injusticias y el terror de nuestra nación. Éramos conscientes de que el fin de la guerra solo llega a través de la no violencia, ya que todas habíamos visto que el uso de la violencia nos estaba llevando a nosotras y a nuestro querido país hacia el abismo del dolor, la muerte y la destrucción».

Razón tenía Martin Luther King, a quien Leymah recuerda en su discurso, cuando sostenía que «la violencia nunca trae paz permanente. No resuelve ningún problema social; simplemente crea otros nuevos y más complicados». La violencia engendra violencia y más violencia. A la paz solo se llega por la voluntad de paz.

El sacrificio fue enorme. La esperanza también. No fue fácil. Según relata Leymah, tuvieron que enfrentarse a los «señores de la guerra», reunirse con dictadores, tomando la palabra aun cuando trataban de acallarlas. Y todo ello desde recursos exiguos: caminar cuando no tenían transporte, lo cual era habitual; ayunar cuando no tenían ni comida ni agua; agarrándose fuerte de las manos cuando acechaba el peligro, tantas veces. Pero nadie les podía parar, son madres coraje. «Le dijimos la verdad al poder cuando todos los demás estaban siendo diplomáticos, nos quedamos bajo la lluvia y el sol con nuestros hijos para contarle a la gente, al mundo, las historias del otro lado del conflicto».

Eran mujeres de distinta procedencia, de distintos niveles educativos, con diferentes experiencias de viajes, creencias y clases sociales. Nada de eso importaba, porque tenían un propósito común: Paz para Liberia Ahora. Paz para las mujeres de Liberia Ahora. Y triunfaron: «Triunfamos cuando nadie pensaba que lo lograríamos».

Triunfaron porque habían encarnado y puesto en marcha la conciencia de quienes la habían perdido en su búsqueda de poder y posiciones políticas, hombres mayoritariamente. Eran el alma de una nación que, a base de violencias, se estaban descarnando.

A nadie deben nada porque nadie las había preparado para nada: «Cuando nos enfrentamos a los señores de la guerra, lo hicimos porque sentimos que era nuestro deber moral ser madres y ceñirnos la cintura, luchar contra los demonios de la guerra para proteger las vidas de nuestros hijos, su tierra y su futuro». Y no son únicas en estas luchas. Lo saben. Saben que hay muchos ejemplos a nivel mundial de luchas de este tipo por parte de mujeres.

Es tiempo de esperanza.

Las madres ya no suplican por la paz, la exigen.

4. ¡Indignaos!
Para pararse a pensar

Aministía Internacional informaba el 17 de mayo de 2004, basándose en datos de la ONU, que en Liberia se calculaba que había unos 21.000 niños y niñas soldados. No solo son niños y niñas a las que se les han proporcionado armas de fuego y obligado a combatir, sino también niñas que han sido secuestradas, violadas y obligadas a prestar servicios sexuales.

Para indignarse

En la resolución 1539 (de 2004) sobre la protección de los niños en los conflictos armados, el Consejo de Seguridad de la ONU condenó enérgicamente el reclutamiento de niños y niñas soldadas y la violación u otras formas de violencia sexual contra ellos y ellas, recordando la absoluta responsabilidad de los Estados de poner fin a la impunidad y enjuiciar a los responsables de genocidio, crímenes de lesa humanidad, crímenes de guerra y otros crímenes perpetrados contra esos niños y niñas de Liberia, entre tantas otras...

Sin embargo, ni la comunidad internacional ni el Gobierno Nacional de Transición Liberiano han mostrado la voluntad política necesaria para llevar ante los tribunales a los autores de esos crímenes cometidos durante el conflicto liberiano.

Niños soldados en el Congo. (Imagen: picture alliance/dpa).

Niños en la Revolución Mexicana. (Wikimedia Commons)

XV/2011
Tawakkol Karman

Imagino a una mujer musulmana con el corazón golpeándole en la sien. Se trata de un momento crucial, cien veces pensado y recreado con la imaginación. Pero ahora está en tiempo real. Todavía quedan unos minutos para abandonar su habitación de hotel, a punto de asistir a una serie de actos importantes, internacionales y públicos. Es un riesgo y una osadía. Lo sabe. El pulso le sigue temblando pero, ahora con energía, toma aire y, cuando cierra la puerta de la habitación, camina decidida como si todo estuviese resuelto.

Rechazando el uso del niqab puedes, en ciertos países y tiempos, jugarte la vida, literalmente. No solo en ese momento, sino de por vida. Si se hace en privado, el asunto podría pasar inadvertido, pero hacerlo en público, ante el público, ante cientos de miles de personas que te van a ver a través de la pantalla de televisión, eso es un riesgo grave.

Aun sabiendo esto, esta mujer llega sin niqab y así se muestra. Está en la Conferencia sobre Derechos Humanos de 2004. Lo ha conseguido. Se siente bien. Desde entonces, se ha empoderado y ha exhortado a las otras mujeres a hacer lo mismo. En ese acto, y desde entonces, ha reemplazado el niqab por la bufanda, incluso en televisión nacional, con el objetivo de apoyar su argumento de que cubrir la cara totalmente es cultural y no un dictado por el islam. Parece un acto simple, quitarse una «prenda», pero es un acto valiente, valioso, audaz. Quitarse el niqab es un gesto por la paz, porque lo es como símbolo de la no— violencia con que trata de derrocar los sistemas opresores, sean religiosos, sean ideológicos, o de cualquier otra índole.

Esa mujer es Tawakkol Karman, la tercera mujer premiada con el Nobel de la Paz en 2011. Nace en febrero de 1979 en Mekhalf (en el estado de Taiz, Yemen).

1. Itinerario vital

Tawakkol estudió comercio en la Universidad de Ciencia y Tecnología y ciencia política en la Universidad de Sana'a. Periodista de oficio.

Fundó, en 2005, el grupo de derechos humanos Women Journalists Without Chains (WJWC) o Mujeres Periodistas Sin Cadenas, junto con otras siete periodistas. Trataban de promover los derechos humanos, especialmente la libertad de opinión, expresión y derechos democráticos. Esta actividad es lo que llevó a Tawakkol a participar en política, siendo miembro del partido islámico Congregación Yemení por la Reforma.

Mujer valiente donde las haya, fue protagonista de los levantamientos yemeníes de 2011, parte de la primavera árabe. Los yemeníes la conocen como «mujer de hierro» y también como «madre de la Revolución».

Es la primera yemení y la primera mujer árabe en ganar un Nobel. Su protagonismo en la primavera árabe fue su gran aportación a la paz y exigencia de respeto a los derechos humanos. Al igual que Leymah, y en parte Ellen, su aportación se cifra en su pertinaz exigencia no violenta a favor de la seguridad de las mujeres y de su pleno derecho a la absoluta participación en la construcción de la paz.

Aunque su papel como periodista crítica fue esencial, hubo un hecho singular que la lanzó a ser conocida más allá de Yemen: una empresa de telefonía le denegó una licencia en 2007, por el hecho de ser mujer, lo que aprovechó para hacer pública su protesta al ser manifiestamente vulnerado su derecho a la libertad de expresión. No solo quedó en protesta personal, sino que fue la rampa de lanzamiento para organizar protestas semanales para ir mostrando todas y cada una de las limitaciones con que se encontraban (y encuentran) las mujeres yemeníes (y muchas otras), así como los obstáculos para el pleno desarrollo de los derechos humanos.

Aprovechando inteligentemente el éxito de su pequeña protesta, la redirigió para apoyar otra de grandes dimensiones: la «Revolución de Jazmín», la Primavera Árabe, la revuelta de los ciudadanos y ciudadanas de Túnez (una revuelta en la que lograron derrocar el gobierno dictatorial de Zine El Abidine Ben Ali).

Por supuesto, esta actitud audaz y valiente no fue gratuita. Sufrió un atentado durante una de las protestas (en 2010) cuando una mujer intentó acuchillarla. También fue amenazada de muerte por parte de un anónimo oficial yemení (a través de una llamada telefónica el 26 de enero del 2011), presionándola para que abandonase las protestas públicas o atenerse a las consecuencias.

Algunas de las amenazas tienen que ver con sus protestas al no aceptar la negativa del Ministerio de Información de su solicitud de creación de una estación de radio y un periódico para la WJWC. Es evidente que la denegación por parte del Ministerio tenía que ver con la visión y actitud críticas de nuestra protagonista. La lista es larga, por lo que señalamos tres hitos en esta labor crítica: en 2007 WJWC publicó un reporte en el que se documentaban los abusos a la libertad de prensa desde el 2005; en 2009 criticó al Ministerio de Información por elegir como blanco a las periodistas; entre el 2007 y el 2010 organiza constantes protestas pacíficas, lo que coloquialmente conocemos como «sentadas», en la plaza de Tahrir, Sana'a.

En su lucha por la liberación de la mujer, nuestra protagonista ha denunciado muchas situaciones que la mantienen marginada o vulnerable, como el que muchas niñas yemeníes sufren de desnutrición porque el mejor alimento va para los niños, hay una alta tasa de analfabetismo entre las mujeres porque su asistencia a la escuela no es en absoluto una prioridad, hay leyes matrimoniales que todavía permiten el matrimonio infantil, entre otras muchas reclamaciones.

Quizás la siguiente declaración hecha durante una conferencia suya en la Universidad de Míchigan, muestre su carácter y perspectiva: «Soy ciudadana del mundo. La Tierra es mi país, y la humanidad mi nación».

Ha sido arrestada varias veces por ser protagonista de diversas protestas, de entre las que quizás la del 3 de febrero de 2011, el «Día de la Furia» (inspirada por la revolución de Túnez 2010–2011), sea la más destacable. A causa de ello, el 17 de marzo fue arrestada de nuevo.

Después del anuncio del Premio Nobel, Tawakkol se interesó en movilizar a la opinión mundial y al Consejo de Seguridad de las Naciones Unidas para que ayudaran a llevar a Saleh (presidente de Yemen desde el 22 de mayo de 1990 hasta el 25 de febrero de 2012) ante la Corte Penal Internacional. Nuestra protagonista trató de que el Consejo de Seguridad de la ONU y los Estados Unidos no le dieran un trato de perdón, sino que congelaran sus activos y apoyaran las protestas. Pero el Consejo de Seguridad votó 15–0 (el 21 de octubre en la resolución 2014) y formuló su total condena al uso de fuerza letal contra las protestas, pero también respaldó la iniciativa Consejo de Cooperación del Golfo para que se le concediera inmunidad a cambio de renunciar a su cargo. Tawakkol estuvo presente en la votación y criticó duramente la propuesta. No hubo opción y las protestas no lograron la justicia deseada.

La lucha por restablecer la paz y la justicia de Tawakkol no cesó. De hecho, el comité Nobel dijo que aun «en las circunstancias más extenuantes, antes y durante la "Primavera árabe", Tawakkol Karman ha jugado un rol crucial en la lucha por los derechos de las mujeres, la paz y democracia de Yemen». De hecho, nuestra protagonista recibió la noticia de haber ganado el Nobel mientras acampaba en Sana'a durante más protestas antigubernamentales.

2. Legado

Motivo: por su batalla no violenta a favor de la seguridad de las mujeres y de su pleno derecho en la plena participación de la obra de construcción de la paz.

Palabras clave: primavera árabe, «día de la furia», mujeres, libertad de prensa, atentado, amenazas, protesta, arresto.

«Siempre he creído que la resistencia contra la represión y la violencia es posible sin depender de represión y violencia similares. Siempre he creído que la civilización humana es fruto del esfuerzo tanto de mujeres como de hombres. Entonces, cuando las mujeres son tratadas injustamente y privadas de sus derecho natural en este proceso, se desarrollarán todas las deficiencias sociales y enfermedades culturales, y en él al final toda la comunidad, hombres y mujeres, sufrirá.

La solución a los problemas de las mujeres solo puede ser lograda en una sociedad libre y democrática en la que se libere la energía humana, la energía de mujeres y hombres juntos. Nuestra civilización se llama civilización humana y no se atribuye solo a hombres o mujeres».

(Tawakkol Karman, discurso de aceptación del Premio Nobel de la Paz en 2011)

3. Claves del discurso

Tawakkol Karman inicia su discurso, tras los saludos protocolarios, refiriéndose a la juventud de la primavera árabe, esto es, a la revolución en el ámbito de la libertad y el cambio.

La primavera árabe es un arcoíris por el mundo árabe. Hombres y mujeres jóvenes marchan en esa época en manifestaciones pacíficas exigiendo libertad y dignidad a sus gobernantes. Avanzan sin violencia, sin armas; avanzan con la confianza en su derecho a la libertad y la dignidad. Marchan «en una escena dramática que encarna lo más hermoso del espíritu humano de sacrificio y la aspiración a la libertad y la vida». Puede entenderse que Tawakkol dedique su premio (y lo acepte) «en mi nombre y en el de la juventud revolucionaria yemení y árabe, que lideran la lucha pacífica de hoy contra la tiranía y la corrupción con valentía moral y sabiduría política».

Nuestra protagonista apela a los orígenes religiosos de la búsqueda de la paz, de ahí que recuerde, casi al principio de su discurso, que es terrible que los países árabes tengan parte en estas trágicas guerras porque su «tierra es la tierra de las profecías y los mensajes divinos que piden la paz. De esta tierra vino la *Torá* llevando el mensaje "No matarás", y la *Biblia* que promete

"Bienaventurados los pacificadores", y el mensaje final del *Corán* que insta: "Oh vosotros que creéis, entrad en la paz, uno y otro"».

Tawakkol también tiene un sueño: «Se puede decir que nuestro mundo contemporáneo, que ha sido refinado y desarrollado por conocimientos y una larga experiencia, buena y mala, avanza con pasos seguros hacia la creación de un mundo nuevo y una globalización brillante. Será un mundo nuevo y positivo, con perspectivas humanas y una globalización que garantizará los valores de libertad, verdad, justicia y cooperación a todos los seres humanos. Será un mundo donde todas las relaciones, tratos y leyes se basarán en la prohibición de toda forma y práctica de exclusión y esclavitud del hombre por el hombre. Esto significará una globalización sin políticas de injusticia, opresión, discriminación o tiranía, y un mundo lleno de asociación y cooperación, diálogo y coexistencia, y aceptación de los demás. Esto significará una globalización en la que desaparecerá, de una vez por todas, el recurso a la ley del poder y su fuerza, contra grupos, pueblos y naciones, para privarlos de su libertad y dignidad humana. ¿Estoy soñando demasiado...?».

Tawakkol retoma en su discurso la idea de paz como ausencia de guerra o violencia, pero también como promoción de los derechos humanos, de la dignidad humana. «La paz no significa solo poner fin a las guerras, sino también poner fin a la opresión y la injusticia».

Tras aclarar esta idea, hace un llamamiento a todas las conciencias: «La conciencia humana no puede estar en paz mientras ve a estos jóvenes árabes, que están en la edad de florecer, ser cosechados por la máquina de muerte que los tiranos desatan contra ellos. El espíritu del Premio Nobel de la Paz es el espíritu de paz que hoy esperamos en apoyo de la aspiración de los pueblos árabes a la democracia, la justicia y la libertad. Si apoyamos este espíritu, el espíritu del Premio Nobel de la Paz, demostraremos a los déspotas que la ética de la lucha pacífica es más fuerte que sus poderosas armas de represión y guerra».

¿Qué pide Tawakkol, qué pide la juventud de la «primavera árabe»? Piden lo imposible, como en nuestro mayo del 68. Nuestra protagonista aprovecha el gran altavoz que supone la tribuna del Nobel de la Paz para explicar al mundo que «nuestra revolución juvenil»: 1) Es pacífica y popular y está respaldada por el pueblo. Sueña con una patria libre y democrática sin lugar para la tiranía, la dictadura, la corrupción o el fracaso. 2) Está motivada por una causa justa, y tiene demandas justas y objetivos legítimos, que cumplen plenamente con todas las leyes divinas, convenciones seculares y cartas internacionales de derechos humanos. 3) Ha logrado atraer a sus filas y marchas a cientos de miles de mujeres que han cumplido, y siguen desempeñando, un papel importante, visible y eficaz en sus actividades, aunque cientos de estas mujeres han caído como mártires o han sido heridas por la victoria de la revolución. 4) Debido a la revolución pacífica, la cultura de paz se está expandiendo y difundiendo, y está encontrando un lugar en cada barrio y calle por donde caminan estos jóvenes exigiendo un cambio pacífico y democracia. 5) Ha demostrado que los valores y objetivos de la libertad, la democracia, los derechos humanos, la libertad de expresión y de prensa, la paz, la convivencia humana, la lucha contra la corrupción y el crimen organizado, la guerra contra el terrorismo y la resistencia a la violencia, el extremismo y dictadura, son valores, ideales, demandas y objetivos de interés humano común y son apreciados por toda la comunidad internacional.

El discurso de Tawakkol es una delicia, y por eso te invito a leerlo completo en la web del Premio Nobel. Aquí, como no puede ser de otro modo, he ofrecido algún detalle para poder esbozar su misión y las justas y necesarias peticiones de las y los jóvenes de la «Primavera Árabe», a la que ella ha puesto su voz el 10 de diciembre de 2011, en Oslo, al recibir el Premio Nobel. Con ello, ha logrado hablar de esta protesta al mundo entero, porque en buena parte las noticias eran censuradas.

En fin, acaba Tawakkol su discurso, que es también un manifiesto, volviendo al principio y reiterando su agradecimiento, reivindicando desde él a «todas aquellas mujeres a quienes la historia y la severidad de los sistemas gobernantes han hecho invisibles, a todas las mujeres que hicieron sacrificios por el bien de una sociedad sana con relaciones justas entre mujeres y hombres, a todas aquellas mujeres que todavía están tropezándose en el camino de la libertad en países sin justicia social ni igualdad de oportunidades…».

4. ¡Indignaos!
Para pararse a pensar

En un artículo de la revista *Nueva Sociedad*, de diciembre 2020, el politólogo Franz Maget se preguntaba si la primavera árabe fue una rebelión que no dio frutos. Y, ciertamente, parece que más de diez años después, Oriente Medio y África del Norte son la zona de conflicto más grande del mundo. El cambio de época que intentó la Primavera Árabe se frustró.

Tal como recuerda Maget, la Primavera Árabe comenzó con la autoinmolación del joven vendedor de frutas y verduras Mohamed Bouazizi en la ciudad de Sidi Bouzid, en el centro de Túnez. Este suicidio provocó manifestaciones y protestas masivas, primero en todo Túnez, luego en Egipto, y finalmente sacudió al mundo árabe en su totalidad. Decenas de miles de personas salieron a las calles, protestaron contra dictadores y gobernantes autocráticos y reclamaron justicia social, libertad y dignidad. El proceso representó un punto de inflexión histórico en Túnez y Egipto, pues Zine el–Abidine Ben Ali y Hosni Mubarak, quienes detentaban el poder hacía muchos años, fueron derrocados.

En Europa, estos acontecimientos fueron celebrados como la lucha de la juventud árabe por la libertad, la democracia y la autodeterminación. Pero la esperanza de que esto fuese un punto de inflexión en la política se vio frustrada. Quizás en Túnez hubo un cambio de régimen y comenzó un proceso de democratización duradero, pero en la mayoría de los países las protestas no han logrado progresos reales. En algunos lugares –constata Maget– las circunstancias son incluso peores hoy que antes.

De hecho, la Primavera Árabe terminó mal en la Yemen de Tawakkol. Las devastadoras guerras se cobran allí (como en Siria) innumerables vidas, destruyen ciudades e infraestructuras y, lo que quizás es peor todavía, obligan a millones de personas a huir...

Para indignarse

¿Podemos tener verdadera esperanza en un mundo mejor o solo podemos fingirla?

Una manifestante protesta frente a la policía en Manama, 2011. (Fuente: Getty Images).

XVI/2014
Malala Yousafzai

«¿Quién de vosotras es Malala?», bramó la voz ronca.

La pregunta procedía de un hombre armado y furioso. Era la tarde del 9 de octubre de 2012 y un pequeño grupo de niñas iba en una furgoneta que hacía las veces de transporte escolar, en el distrito paquistaní de Swat. El hombre armado adivinó quién era, la apuntó con su pistola y le disparó hasta tres veces. Hubo más disparos. Como resultado, algunas niñas quedaron heridas de diversa consideración. Malala, como es evidente, se llevó la peor parte, porque iban a por ella, ya que escribir en un blog en favor de la libertad de las niñas y de las adolescentes de ir a la escuela es una aberración tal que merece el castigo de la muerte inmediata.

La joven Malala quedó malherida y, de hecho, permaneció en estado crítico durante varios días, pero su condición mejoró lo suficiente como para que se la pudiese enviar al Hospital Queen Elizabeth (Birmingham, Inglaterra). Allí acabó de restablecerse. Aquellos disparos provocaron un efecto expansivo contrario a lo que pretendían. No la mataron, la hicieron más fuerte y, con ello, el avance del derecho de las niñas a ser escolarizadas. Aquella joven adolescente, que en aquel fatídico día solo tenía 15 años, recibió el Premio Nobel de la Paz dos años más tarde.

Malala Yousafzai nace en Mingora, el 12 de julio de 1997, Pakistán, y reside en el Reino Unido desde aquel atentado. Es la primera pastún, la primera paquistaní y la persona más joven en recibir el Nobel.

1. Itinerario vital

Malala empezó a hablar acerca de los derechos de educación en septiembre de 2008, cuando su padre la llevó a Peshawar a hablar en un club de prensa local. ¿Cómo se atreven los talibanes a quitar mi derecho básico a la educación?, dijo a la audiencia en un discurso que tendría cobertura de periódicos y canales de televisión en toda la región.

Antes que Malala, Aisha, alumna de la escuela del padre de Malala, había accedido a escribir un diario para la *BBC*. Pero la presión de los Talibanes hizo que el padre y la madre de Aisha acabaran prohibiéndole escribir más por temor a represalias, pues los talibanes estaban sembrando el pánico en la zona. De hecho, emitieron un edicto en el cual se prohibía que las niñas asistieran a las escuelas después del 15 de enero de 2009. El grupo ya había volado más de un centenar de escuelas de niñas.

La única alternativa era Malala, quien era cuatro años más joven que la voluntaria original, que en aquel momento ya cursaba el séptimo grado. La cuestión es que las editoras de la *BBC* querían saber más sobre la vida bajo el poder talibán. Sabían de la violencia y la política en Swat con cierto detalle, pero no mucho sobre cómo vivía la gente bajo el régimen talibán. Y lo querían trasladar al público. Pensaron que el diario era el modo adecuado.

Sabían que era un gran riesgo y tomaron las medidas necesarias, entre otras, el anonimato. Es por eso que Malala tomó el pseudónimo de «Gul Makai», el nombre de uno de los personajes de un cuento tradicional pastún. Así, el 3 de enero de 2009 publica su primera entrada en el blog de la *BBC* Urdu. La estrategia era simple: ella escribía a mano las notas y luego las pasaba a un reportero que las escaneaba y enviaba por correo electrónico.

Malala siguió escribiendo en el blog y en sus entradas va detallando su vida bajo la ocupación de los talibanes, sus puntos de vista sobre la promoción de la educación de las niñas en el valle de Swat y los intentos de tomar el control del valle. Desde entonces va a ser conocida por su activismo en favor de los derechos de las mujeres, especialmente de las niñas en el valle del río Swat, al noroeste de Pakistán. Tenía 11 años.

Poco más de tres años después de esta actividad clandestina, subversiva, de resistente, ocurrió el atentado. En él, como sabemos, al menos dos estudiantes fueron heridas, aparte de Malala, mientras se dirigían a su casa en la furgoneta–autobús escolar. Sus heridas eran gravísimas ya que fue trasladada en helicóptero a un hospital militar. En los alrededores del colegio donde estudiaban las jóvenes atacadas cientos de personas salieron a la calle a protestar por el hecho. El atentado acabó suscitando la condena internacional.

El 15 de octubre de 2012 fue trasladada al Hospital Reina Isabel de Birmingham, en el Reino Unido, para seguir con su recuperación. Aunque tuvo que continuar con la rehabilitación y fue sometida a una cirugía reconstructiva, fue dada de alta del hospital el 4 de enero de 2013.

Tras su total recuperación, Malala es nombrada embajadora del derecho a la educación y ha recibido múltiples premios por su compromiso. En 2020 se graduó en Filosofía, Política y Economía como estudiante en la Lady Margaret Hall, una facultad de la universidad de Oxford.

Así pues, su intento de asesinato tuvo el efecto contrario al buscado por su asesino y el grupo que le daba soporte, pues desde el atentado la educación de las niñas en Pakistán ha mejorado. De hecho, Gordon Brown, enviado especial de las Naciones Unidas para la Educación Global, emitió una petición de la ONU en nombre de Malala, exigiendo que todos los niños y niñas del mundo estén escolarizados, como un derecho fundamental, a finales de 2015. Es un hecho contrastado que Pakistán ha tomado medidas sobre el derecho a la educación a partir de ese momento.

2. Legado

Motivo: por promover la educación a las nuevas generaciones de Pakistán. Tuvo un gran impacto mediático y social por su lucha contra la depresión de niños, niñas y jóvenes, cuando era una niña y una adolescente. Compartió el galardón con Kailasah Satyarthi, quien ha sido un defensor de los derechos del niño y de la niña.

Palabras clave: educación, escuela, atentado, mujer, talibán, clandestinidad, resistencia.

«La educación es una de las bendiciones de la vida y una de sus necesidades. Esa ha sido mi experiencia durante los 17 años de mi vida. En mi hogar paradisíaco, Swat, siempre me encantó aprender y descubrir cosas nuevas. Recuerdo cuando mis amigos y yo nos decorábamos las manos con henna en ocasiones especiales. Y en lugar de dibujar flores y patrones, nos pintábamos las manos con fórmulas y ecuaciones matemáticas.

Teníamos sed de educación, porque nuestro futuro estaba ahí, en ese salón de clases. Nos sentábamos, aprendíamos y leíamos juntos. Nos encantaba usar uniformes escolares limpios y ordenados y nos sentábamos allí con grandes sueños en los ojos. Queríamos enorgullecer a nuestros padres y demostrar que nosotros también podíamos sobresalir en nuestros estudios y alcanzar esas metas que algunas personas piensan que solo los niños pueden lograr.

Pero las cosas no siguieron igual. Cuando estaba en Swat, que era un lugar de turismo y belleza, de repente se transformó en un lugar de terrorismo. Tenía apenas diez años cuando más de 400 escuelas fueron destruidas. Las mujeres fueron azotadas.

La gente fue asesinada. Y nuestros hermosos sueños se convirtieron en pesadillas.

La educación pasó de ser un derecho a ser un delito.

A las niñas se les impidió ir a la escuela.

Cuando mi mundo cambió repentinamente, mis prioridades también cambiaron.

Tenía dos opciones. Una, es que debía permanecer en silencio y esperar a que lo mataran. Y la segunda fue hablar y luego ser asesinada.

Elegí la segunda. Decidí hablar».

(Malala Yousafzai en su discurso de aceptación del Premio Nobel de la Paz en 2014)

3. Claves del discurso

Comienza Malala agradeciendo el premio, y lo hace primeramente resaltando la figura de su padre y de su madre. De ambos agradece su amor incondicional, que en el caso de su padre se traduce en «no cortarme las alas y dejarme volar»; en el caso de su madre, «por inspirarme a ser paciente y decir siempre la verdad».

También tiene palabras de agradecimiento para sus maestros, puesto que la inspiraron a creer en ella y ser valiente. Su historia personal muestra que, desde luego, tuvieron éxito en ese propósito.

Malala dedica este premio a los niños y niñas olvidadas que quieren educación (...), para esos niños y niñas asustadas que quieren la paz (...), para esos niños sin voz que quieren un cambio. De hecho, dice que está en la tribuna del ayuntamiento de Oslo «(...) para defender sus derechos, para alzar su voz... No es momento de tener lástima de ellos. No es momento de compadecerlos. Es hora de actuar para que sea la última vez, la última vez, para que sea la última vez que veamos a un niño privado de educación».

Por eso, por ser su voz, dice Malala:

«Soy Malala. Pero también soy Shazia.
Soy Kainat.
Soy Kainat Soomro.
Soy Mezón.
Soy Amina. Yo soy esos 66 millones de niñas que están privadas de educación. Y hoy no alzo la voz, es la voz de esos 66 millones de niñas».

Finaliza su discurso con la expresión de su mayor esperanza, expresada con gran contundencia: «Mi gran esperanza es que esta sea la última vez, esta será la última vez que debamos luchar por la educación. Resolvamos esto de una vez por todas».

4. ¡Indignaos!
Para pararse a pensar

«Cuento mi historia –decía Malala en su discurso–, no porque sea única, sino porque no lo es. Es la historia de muchas niñas».

Para indignarse

Un talibán en la entrada de una escuela, en Kabul, Afganistán.
25 de octubre de 2021. *(© REUTERS/Zohra Bensemra)*

XVII/2018
Nadia Murad

No podía más. Su cautiverio era insoportable, así que decidió huir. Torturada (golpeada y quemada con cigarrillos) y violada en su primer intento de huida, esta vez pensaba que lo conseguiría, porque su secuestrador se dejó la cerradura de la puerta abierta, lo que ella aprovechó en cuanto vio la ocasión. Tuvo suerte esta vez. Fue acogida por una familia vecina que la ayudó a escapar de Mosul, donde estaba cautiva, y dejar atrás la zona controlada por miembros del Estado Islámico.

Llegó al campamento de refugiados en Duhok (norte de Irak). Poco después, en febrero de 2015, contó su historia a reporteros del diario belga La Libre Belgique, *siendo su testimonio vital para que todo el mundo conociera las maldades que sufrían las mujeres bajo control del Estado Islámico, torturadas y esclavizadas. Esto ya fue en el campamento Rwanga, malviviendo en una especie de contenedor. Fue afortunada de nuevo, porque ese mismo año, junto con otras mil mujeres y niñas, pudo acogerse a un programa de refugiados del Gobierno de Baden–Württemberg (Alemania), por fin un buen y nuevo hogar.*

Ella es Nadia Murad, que nace en Kojo (Irak) el 10 de marzo de 1993.

1. Itinerario vital

Esta mujer valiente procede de una familia de granjeros perteneciente a la minoría étnica religiosa yazidí.

El 3 de agosto de 2014, los combatientes del Estado Islámico acorralaron a la comunidad yazidí de Kojo, asesinando a 600 personas (incluyendo a seis de los hermanos y hermanastros de Nadia) y tomaron como esclavas a las mujeres más jóvenes, entre ellas a Nadia. Tenía 21 años y era estudiante. Aquel año, ella fue una de las más de 6 700 mujeres yazidíes hechas prisioneras por el Estado islámico en Irak. Afortunadamente, en 2015 logró escapar y regresar a su ciudad de origen. Poco después, Nadia Murad apareció ante el Consejo de Seguridad de la ONU para contar su experiencia.

De hecho, a Nadia se debe el primer informe que recibe el Consejo de Seguridad de Naciones Unidas sobre la trata de humanos y el conflicto derivado del Estado Islámico, especialmente del uso de las mujeres como esclavas. Pero no se trata del informe de una experta, se trata, sobre todo, del informe de un testimonio real.

Desde su liberación, sus esfuerzos se centraron en erradicar la violencia sexual como arma en guerras y conflictos armados, motivo principal por el que le será concedido el Nobel.

Desde 2016 asume la misión de ser embajadora de la ONU, participando en todo tipo de iniciativas para denunciar y concienciar sobre el tráfico de personas, así como de la precaria vida en los campos de refugiados. Denunciar la trata y los genocidios, y ayudar a sus víctimas, se han convertido en su tarea desde entonces, visitando con frecuencia estos lugares y recogiendo testimonios tanto de refugiadas como, sobre todo, de víctimas de trata y genocidio.

Decidida a llegar hasta el fondo de esta barbarie, logra que, a partir de septiembre de 2016, la abogada Amal Clooney la represente en su acción judicial contra los mandos del Estado Islámico, tanto por la situación personal que ella vivió como por las víctimas del genocidio, violación sistemática y trata por parte de personas del Estado Islámico, describiéndolo como burocracia del mal a escala industrial, pues maneja un mercado de esclavos a todos los niveles, también a través de las redes sociales, centrado en Oriente Medio.

Como es esperable, tanto Clooney como, sobre todo, Nadia, han recibido graves amenazas por esta labor. Pero siguen en su empeño. De hecho, a partir de septiembre de 2016, Nadia anunció una iniciativa (que lleva su nombre) para facilitar el apoyo legal y la asistencia a las víctimas del genocidio. Aunque trasciende grupos étnicos y fronteras, su misión se centra fundamentalmente en la ayuda a las yazidíes, pues siguen en situación de cautiverio por el Estado Islámico. Entre las opciones que baraja, están la de crear una zona autónoma para las minorías en Irak, señalando la dura situación actual y los desafíos a los que se enfrentan los grupos étnicos y religiosos en Irak y Siria, pues la mayoría son víctimas del Estado Islámico o están internamente desplazadas. Su iniciativa va dirigida especialmente a quienes más sufren esta agresión, las mujeres y los niñas/os, las víctimas principales de genocidios, de crímenes de guerra y tráfico de personas. Con su aportación, intenta ofrecer apoyo para reconstruir tanto sus vidas como sus comunidades.

Cuando cuenta su vida, recuerda que vivió una infancia como una chica de pueblo, en Kojo, al sur de la región de Sinjar. No sabía nada sobre el Premio Nobel de la Paz. No sabía nada sobre los conflictos y asesinatos que tenían lugar en el mundo todos los días. No sabía que los seres humanos pudieran perpetrar crímenes tan espantosos unos contra otros.

Cuando era niña soñaba con terminar la escuela secundaria. Su sueño era tener un salón de belleza en su pueblo y vivir cerca de su familia en Sinjar.

Pero este sueño se convirtió en una pesadilla. Sucedieron cosas inesperadas. Se produjo un genocidio. Como consecuencia, perdió a su madre, a seis de sus hermanos y a los hijos e hijas de estos.

Cada familia yazidí tiene una historia similar, una más horrible que la otra debido a este genocidio. Sí, sus vidas han cambiado de la noche a la mañana, de una manera que difícilmente se puede comprender. Cada familia yazidí cuenta con miembros separados entre sí. El tejido social de una comunidad pacífica se ha desgarrado, toda una sociedad que llevaba en alto la bandera de la paz y la cultura de la tolerancia se ha convertido en combustible para una guerra inútil.

A lo largo de la historia de su pueblo, constata que ha sido objeto de muchas campañas de genocidio debido a su creencias y religión. Como resultado de estos genocidios, solo quedan unos pocos yazidíes en Turquía. En Siria había alrededor de 80.000 yazidíes, pero hoy solo quedan 5000. En Irak, los yazidíes corren la misma suerte, y su número está disminuyendo significativamente. Cabe decir que su misión está patrocinada y apoyada por Yazda, la organización global yazidí.

2. Legado

Motivo: por sus esfuerzos para acabar con el uso de la violencia sexual como arma en guerras y conflictos armados

Comparte el Nobel con Denis Mukwege, quien también ha estado trabajando incansablemente para ayudar a las víctimas de violencia sexual y ha dado voz a aquellas mujeres silenciadas que han sido sometidas a violencia.

Palabras clave: yazidí, genocidio, ISIS o Estado Islámico, trata o esclavas sexuales, refugiadas, violación.

«Tenemos que recordar todos los días cómo la organización terrorista ISIS y quienes propagan sus ideas atacaron a los yazidíes con una brutalidad sin precedentes en 2014, con el objetivo de acabar con la existencia de uno de los componentes originales de la sociedad iraquí. Cometieron este genocidio por la única razón de que somos yazidíes, que tenemos creencias y costumbres diferentes y que estamos en contra de matarnos unos a otros, mantener a personas en cautiverio o esclavizarlas.

En el siglo XXI, en la era de la globalización y los derechos humanos, más de 6500 niñas y mujeres yazidíes quedaron cautivos y fueron vendidos, comprados y abusados sexual y psicológicamente. A pesar de nuestros llamamientos diarios desde 2014, aún se desconoce el destino de más de 3.000 niñas y mujeres en manos de ISIS. Las jóvenes en la flor de la vida son vendidas, compradas, cautivas y violadas todos los días. Es inconcebible que la conciencia de los líderes de 195 países de todo el mundo no se movilice para liberar a estas niñas. ¿Y si se tratara de un acuerdo comercial, un yacimiento petrolífero o un cargamento de armas? Sin duda, no se escatimarían esfuerzos para liberarlos.

Todos los días escucho historias trágicas. Cientos de miles e incluso millones de niñas y mujeres en todo el mundo sufren persecución y violencia. Todos los días escucho los gritos de los niños en Siria, Irak y Yemen. Todos los días vemos a cientos de mujeres y niñas en África y otros países convertirse en proyectos de asesinato que alimentan las guerras, sin que nadie intervenga para ayudarlos o exigir responsabilidades a quienes cometen estos crímenes».

(Nadia Murab, discurso de aceptación del Premio Nobel de la Paz en 2018)

3. Claves de su discurso

Tras agradecer el honor de este premio, inicia su discurso con una valiente declaración de intenciones: «Quiero hablarles desde el fondo de mi corazón y compartirles cómo el curso de mi vida y la vida de toda la comunidad yazidí han cambiado debido a este genocidio, y cómo ISIS intentó erradicar uno de los componentes de Irak, llevando a mujeres al cautiverio, matando a hombres y destruyendo nuestros lugares de peregrinación y lugares de culto».

Es por eso que considera que, de algún modo, la concesión de este premio significa el triunfo del bien sobre el mal, la derrota del terrorismo sobre niños y niñas, hombres y mujeres de su comunidad. Ha dado voz a las víctimas y ha silenciado a los criminales. Es cierto. El premio Nobel sirve para esto mismo: dar voz a las víctimas, del tipo que sean, y generar esperanza, sostener la espera de un mundo mejor.

Cada una de las mujeres premiadas con el Nobel de la Paz señala una situación concreta del despliegue del bien en el contexto del mal; se trata de una situación universal ya que la violencia está ahí, cierto, pero también lo está el bien y la justicia, la paz, y cada persona que recibe este premio lo hace en nombre de todas y cada una de las personas que forman parte de ese esfuerzo común que es la paz. Necesitamos símbolos, indicios de que la esperanza es posible. Cada año, desde Oslo, aparece uno de ellos. Para que esa luz entre tanta oscuridad siga guiando he escrito este libro, para que cada lector o lectora sea también testimonio de la esperanza de un mundo mejor y reciba la invitación de hacerse cargo y encargarse de continuarla.

En el caso de nuestra protagonista, la luz de la esperanza es para los miembros de su comunidad, pero muy especialmente para las niñas y las mujeres de ella, puesto que son las que más han sufrido la violencia, especialmente la sexual, por parte del ISIS. En sus propias palabras: «Espero que hoy marque el comienzo de una nueva era, en la que la paz sea la prioridad y el mundo pueda comenzar a definir colectivamente una nueva hoja de ruta para proteger a las mujeres, los niños y las minorías de la persecución, en particular a las víctimas de la violencia sexual».

Nadia lamenta que durante el genocidio de su pueblo la comunidad internacional no logró salvarles. En sus palabras se entreleen la tristeza y soledad que sintieron, el abandono inesperado que sufrieron. Cierto, aclara, que después del genocidio recibieron «la simpatía internacional y local, y muchos países reconocieron este genocidio», pero la verdad es que con la sola simpatía no se logra detener la violencia ni generar esperanza. De hecho, anuncia y denuncia que «el genocidio no se detuvo»; peor todavía, constata que «la amenaza de aniquilación todavía existe». Y se hace muy poco.

De hecho, la situación sigue siendo terrible cuando Nadia lee su discurso, en 2018, como es el caso de los yazidíes encerrados en las cárceles de ISIS, o como el hecho de que nada de lo que ISIS destruyó ha sido reconstruido; tampoco se ha hecho justicia, pues los autores de este genocidio no han comparecido todavía ante la justicia.

Pero Nadia no pide simpatía, pues sabe que sirve de bien poco. Lo que quiere es «traducir esos sentimientos en acciones sobre el terreno», porque sabe que, si la comunidad internacional no se toma en serio la prestación de asistencia a las víctimas de este genocidio, los yazidíes seguirán en los campos de desplazados, los encarcelados seguirán sufriendo privación de libertad y torturas, los culpables no serán juzgados y, así, el sufrimiento será infinito. Pide, por ello, que la comunidad internacional les brinde «protección internacional bajo el amparo de las Naciones Unidas», puesto que «sin esta protección internacional, no hay garantía de que no seamos sometidos a otros genocidios por parte de otros grupos terroristas».

También en su discurso apela a la educación para lograr la paz. Recuerda que participó en la Conferencia de Paz de París cuando se celebró el centenario del fin de la Primera Guerra Mundial. Pero hay que hacer algo más que celebraciones y leer discursos empáticos, hay que actuar, insiste Nadia, porque, «¿cuántos genocidios y guerras han tenido lugar desde que terminó la Primera Guerra Mundial? Las víctimas de las guerras, en particular de las guerras internas, son innumerables. El mundo condenó estas guerras y reconoció estos genocidios. Sin embargo, no logró poner fin a los actos de guerra ni evitar que se repitan».

Y acierta, como tantas otras Nobel de la Paz, al apelar a la necesidad de la educación. No es condición suficiente para lograr la paz, pero sí necesaria, absolutamente necesaria. «La educación –sostiene Nadia– desempeña un papel esencial en el fomento de sociedades civilizadas que creen en la tolerancia y la paz. Por lo tanto, debemos invertir en nuestras menores porque a las menores, como una pizarra en blanco, se les puede enseñar tolerancia y coexistencia en lugar de odio y sectarismo. Las mujeres también deben ser la clave para resolver muchos problemas y deben participar en la construcción de una paz duradera entre las comunidades. Con la voz y la participación de las mujeres podemos lograr cambios fundamentales en nuestras comunidades».

Educación y promoción de las mujeres. Esa es la clave para Nadia, con la que no puedo estar más de acuerdo. Históricamente hablando, las mujeres han sido portadoras de vida y de paz. Y esto en ningún caso va en contra de los hombres, sino a favor de la humanidad. Es importante entenderlo, porque parte de los hombres entiende que avanzar en los derechos de las mujeres es retroceder en los derechos de los hombres. Nada es más falso. Si la mujer avanza en derechos, lo hace la humanidad también. Nadie retrocede. Si acaso, retroceden ciertos privilegios y posiciones injustas de poder para ciertos hombres. Y esto, en el contexto desde el que habla Nadia, es todavía más radical, más duro.

Acabo con la última petición de Nadia en su discurso, que nos llega y nos responsabiliza, esto es, pide de nosotros y nosotras una respuesta concreta; no solo empatía, sino compromiso personal y concreto:

«Unámonos todos para luchar contra la injusticia y la opresión; levantemos la voz juntos y digamos:

No a la violencia, sí a la paz, no a la esclavitud, sí a la libertad, no a la discriminación racial, sí a la igualdad y a los derechos humanos para todos. No a la explotación de mujeres y niños, sí a proporcionarles una vida digna e independiente, no a la impunidad para los criminales, sí a responsabilizar a los criminales y lograr justicia».

4. ¡Indignaos!

Para pararse a pensar

En 2018, 148 países detectaron y denunciaron alrededor de 50.000 víctimas de tratas de personas. La mayoría de ellas mujeres y niñas. Es evidente que son muchas más, dada la naturaleza de este delito, en el que ocultar es parte de la estrategia. El número real de víctimas es mucho mayor. Y va en aumento. Se ha triplicado en los últimos 15 años, según la ONU.

Para indignarse

«Nadie hizo nada». Esas son las amargas palabras de Nadia cuando cuenta que, rodeado su pueblo por los soldados del ISIS, y aun pudiendo avisar por teléfono de la situación, tras varios días de asedio pasivo, entraron en el pueblo y masacraron a los hombres, se llevaron a niños, niñas y mujeres. Nadie hizo nada. Y pudieron.

Cementerio de Lalish. Las mujeres yazidíes lloran a sus muertos y muestran su dolor por los familiares que siguen en manos del Estado Islámico.
(Pablo Cobos. El País, 29 de agosto de 2017)

XVIII/2021
María Ressa

María está cansada. El día ha sido largo, larguísimo. Pero no es solo eso. Desde que, a finales de 2018, interpuso la denuncia contra el ejecutivo de Duterte por injurias y prevaricación, por falta de libertad de prensa, el acoso cotidiano va creciendo. ¡Hasta el departamento de justicia de Filipinas ha abierto una investigación contra ella por supuesta evasión de impuestos (una excusa como otra para seguir hostigándola)! En fin, nada nuevo bajo este sol y otros muchos. Decide, a pesar del cansancio, echar una ojeada al Facebook. Cuando aparece la interfaz en su pantalla, no puede creer la cantidad de mensajes de odio, de acoso, que tiene esperando a ser abiertos. Los cuenta, y los seguirá contando: llega a más de 90 mensajes de este tipo por hora a través de Facebook.

Quien recibe esta avalancha de mensajes es María Angelita Aycardo Delfín, conocida como María Ressa, nacida en Manila el 2 de octubre de 1963, quien será merecedora del Premio Nobel de la Paz 2021.

1. Itinerario vital

María nace en Manila, pero pasa su infancia en ciudad Quezón hasta que, con 10 años, emigra con su familia a EE.UU., concretamente a Nueva Jersey. Allí acabará su educación secundaria y pasará a la Universidad de Princenton, pero volverá a Filipinas, tras obtener la beca *Fullbright* para cursar un máster de periodismo en la Universidad de Filipinas.

Periodista filipina de investigación, corresponsal de la *CNN* en el sudeste asiático y directora de los servicios informativos de la *ABS–CBN*, entre otros.

Precisamente por sus investigaciones ha resultado ser incómoda para muchos poderosos, por lo que ha sido objeto de varias campañas de desprestigio, incluida la que protagonizó el presidente de Filipinas, Rodrigo Duterte. Su empeño, a pesar de las amenazas, por salvaguardar la libertad de expresión, le hizo merecedora de varios premios, como el Premio Mundial de la Libertad de Prensa (UNESCO) y, también, el Nobel de la Paz.

A partir de 1986 trabaja como periodista en Filipinas, especialmente para la *CNN*, durante casi 20 años. Seguramente fue su especialización en periodismo de investigación, trabajando especialmente en la influencia del terrorismo en el sudeste asiático, lo que le llevó al reconocimiento de sus compañeras de profesión.

Su visión crítica es un elemento clave que desarrolla en el sitio web informativo *Rappler*, que fundó junto con otros periodistas filipinos en 2012. *Rappler* es símbolo de periodismo crítico. De hecho, desde el ascenso al poder de Rodrigo Duterte en 2016, su gestión se ha visto analizada y denunciada por *Rappler*, publicando numerosos reportajes que denunciaban los aspectos más controvertidos de la gestión del presidente filipino, especialmente las ejecuciones extrajudiciales cometidas en la guerra contra el narcotráfico. Como era de esperar, estas denuncias han motivado una campaña de desprestigio y de amenazas contra Ressa como responsable de *Rappler*. Tanto es así que, en enero de 2018, la Comisión de Valores y Cambio (institución del gobierno) intentó revocarle la licencia de ese medio de comunicación, bajo la acusación de tener accionariado extranjero, algo prohibido en ese país. La reacción no se hizo esperar, y ONG's como Human Rights Watch y Amnistía Internacional denunciaron este ataque a la libertad de prensa.

La hostigación siguió y, a finales de 2018, el departamento de justicia de Filipinas abrió una investigación contra María por presunta evasión de impuestos, lo que podría suponerle una condena de hasta 10 años de cárcel. Esta situación, infundada, motivó que María denunciase una campaña de acoso contra la prensa independiente e interpusiese una demanda al ejecutivo de Duterte por injurias y prevaricación.

El acoso que recibe María, por todos los medios posible, es agobiante. De hecho, hubo contra ella una campaña sostenida de acoso en línea que, en algún momento, llegó a fraguarse en un promedio de más de 90 mensajes de odio por hora a través de *Facebook*.

Se han contado, al menos, 11 investigaciones sobre su negocio. El 15 de junio de 2020 es condenada por difamación cibernética por un tribunal de Manila.

El motivo principal por el que, el 28 de abril de 2021, se le otorga el Premio Mundial de la Libertad de Prensa Unesco–Guillermo Cano, en el que se destaca su inquebrantable lucha por la libertad de expresión como ejemplo para muchos periodistas de todo el mundo, definen perfectamente su labor periodística, a la que cabe añadir su compromiso por los derechos humanos en Filipinas, como se destacó en su concesión del Nobel de la Paz.

Al recordar su biografía, María resalta que ha sido periodista durante más de 35 años, ha trabajado en zonas de conflicto y de guerra en Asia, ha informado sobre cientos de desastres y, si bien ha visto tantas cosas terribles –confiesa–, también ha documentado muchas cosas buenas. A esto añade que parte de cómo sobreviven en *Rappler* a los varios años de ataques gubernamentales se debe a la amabilidad de los extraños, y la razón por la que ayudan (a pesar del peligro) es porque quieren hacerlo, sin esperar nada a cambio. Esto, asegura, es lo mejor de lo que somos, la parte de nuestra humanidad que hace que sucedan los milagros. Y esto es lo que perdemos cuando vivimos en un mundo de miedo y violencia.

Una muestra de su capacidad de rebelión y empoderamiento quedan reflejados en las siguientes situaciones, que ella misma cuenta: «En menos de dos años, el gobierno filipino presentó diez órdenes de arresto en mi contra. Tuve que pagar la fianza diez veces solo para hacer mi trabajo. El año pasado, un excolega y yo fuimos condenados por difamación cibernética por una historia que publicamos ocho años antes, en un momento en que la ley que supuestamente violamos ni siquiera existía. En total, los cargos que enfrento podrían enviarme a prisión por unos 100 años. Pero cuanto más me atacaban por mi periodismo, más resuelta me volvía. Tenía pruebas de primera mano de abuso de poder. Lo que pretendía intimidarnos a mí y a *Rappler* solo nos fortaleció».

2. Legado

Motivo: por sus esfuerzos para salvar la libertad de expresión, como condición para la democracia y la paz duradera.
Compartió el premio con Dmitri Murátov.
Palabras clave: periodismo, libertad, democracia, mentira, bulos, rebeldía, amenazas

«Necesitamos ayudar al periodismo independiente a sobrevivir, primero brindando mayor protección a los periodistas y oponiéndonos a los Estados que atacan a los periodistas. Entonces debemos abordar el colapso del modelo publicitario para el periodismo (…). En este momento, mientras el periodismo está bajo ataque en todos los frentes, sólo el 0,3% de la AOD se gasta en periodismo. Si lo llevamos al 1%, podemos recaudar mil millones de dólares al año para las organizaciones de noticias. Esto será crucial para el sur global.

La democracia se ha convertido en una defensa de nuestros valores de mujer a mujer y de hombre a hombre. Estamos en un momento de puerta corredera, en el que podemos continuar por el camino en el que estamos y descender más hacia el fascismo, o cada uno de nosotros podemos elegir luchar por un mundo mejor.

Para hacer eso, debes preguntarte: ¿Qué estás dispuesto a sacrificar por la verdad?

No sabía si iba a estar aquí hoy. Todos los días vivo con la amenaza real de pasar el resto de mi vida en la cárcel solo por ser periodista. Cuando vuelvo a casa, no tengo idea de lo que me depara el futuro, pero vale la pena correr el riesgo.

(…) Ahora es el momento de construir, de crear el mundo que queremos. Ahora, por favor, conmigo, cierra los ojos. E imagina el mundo como debería ser. Un mundo de paz, confianza y empatía, sacando lo mejor que podemos ser.

Ahora vayamos y hagámoslo realidad. Mantengamos la línea. Juntas».

(María Ressa, discurso de aceptación del Premio Nobel de la Paz en 2021)

3. Claves de su discurso

A lo largo de la lectura de su discurso, se hace evidente que María lo hace sintiéndose representante de todas las periodistas del mundo que se ven obligadas a sacrificar tanto para permanecer fieles a los valores y misión del periodismo, que es brindar la verdad y hacer que el poder rinda cuentas. Es por ello que inicia su discurso recordando a algunas de sus colegas encarceladas o asesinadas por hacer su trabajo.

Muy significativamente recuerda, sobre mitad de su discurso, que hace ya (quizás demasiados) años que un periodista en activo recibió este premio. Efectivamente, fue en 1936. El premiado fue Carl von Ossietzky, pero nunca llegó a Oslo porque murió aniquilado en un campo de exterminio nazi. Por otro lado, también significativamente recuerda que es solo la mujer número 18 en recibir este premio, señalando «cómo la desinformación de género es una nueva amenaza y está cobrando un precio significativo en la salud mental y la seguridad física de mujeres, niñas, personas LGTBIQ+ en todo el mundo». Y señala una evidencia, que es que las mujeres periodistas están en el epicentro del riesgo.

Ressa creó una organización cuya tarea venía a ser doble: de un lado, denunciar la ausencia de ley y de una visión democrática para el siglo XXI; de otro lado, el papel negativo de la tecnología cuando, «con su poder divino» que ha permitido que un «virus de mentiras» nos infecte a cada persona, enfrentándonos unas a otras, sacando a relucir nuestros miedos, ira y odio, y preparando el escenario para el ascenso de autoritarios y dictadores alrededor del mundo. En el esfuerzo por que ambas fuerzas del mal desaparezcan son clave las periodistas.

Podría decirse que la principal reivindicación del discurso de María se concentra en este análisis: «Nuestra mayor necesidad hoy es transformar ese odio y esa violencia, el lodo tóxico que corre por nuestro ecosistema de información, priorizado por las compañías estadounidenses de Internet que ganan más dinero difundiendo ese odio y provocando lo peor en nosotros... bueno, eso simplemente significa que tenemos que trabajar mucho más duro... Para ser buenos, tenemos que creer que hay BIEN en el mundo».

Para lograr descubrir si hay bien en el mundo, hay que hacer las preguntas adecuadas. María hace una clave, que parece dirigida a ti también: «¿Qué estás dispuesta a sacrificar por la Verdad?».

Nuestra protagonista sacrifica y mucho. Su vida ha estado y está en peligro, pero ha aprendido a apreciar la verdad, a defender la democracia y la dignidad humana a través de la palabra y la imagen, que es lo que le permite su profesión y vocación, el periodismo. Por eso dice que «en el centro del periodismo hay un código de honor. Y el mío se extiende sobre mundos diferentes, desde cómo crecí, cuándo aprendí lo que estaba bien y lo que estaba mal; de la universidad y el código de honor que aprendí allí y mi tiempo como reportera». Como se ve, aprecia mucho el código deontológico del periodismo, que por cierto, ayudó a redactar.

No es el de María, obviamente, el primer discurso en que se señala a la violencia como el gran mal de este mundo, pero sí lo es al hacer notar que la violencia *online* es violencia real. Por eso dice (y advierte): «Lo que sucede en las redes sociales no se queda en las redes sociales. La violencia en línea es violencia en el mundo real. Las redes sociales son un juego mortal por el poder y el dinero…».

No le importa señalar algunas de las empresas que están en esta línea: «Facebook es el mayor distribuidor de noticias del mundo y, sin embargo, los estudios han demostrado que las mentiras mezcladas con ira y odio se difunden más rápido y más lejos que los hechos en las redes sociales». La mentira, el engaño, las falsas noticias, los bulos, hacen mucho daño a las personas, a la dignidad humana y a la democracia. Son moneda de uso de los violentos y de las dictaduras.

Para María, el argumentario es claro: «Sin hechos, no se puede tener la verdad. Sin verdad, no se puede tener confianza. Sin confianza, no tenemos realidad compartida ni democracia, y resulta imposible abordar los problemas existenciales de nuestro mundo: el clima, el *coronavirus*, la batalla por la verdad»...

Y, desde luego, acierta al comparar esta situación a la que provocaron los nazis para hacerse con el poder de forma ilegítima y mantenerse en él generando la peor catástrofe humana que se conoce. Catástrofe, el exterminio, del que todavía no hemos aprendido lo suficiente.

En este sentido, recuerda María cuando la arrestaron por primera vez (en 2019). El oficial de la policía que la detenía le dijo: «Señora, solo estoy haciendo mi trabajo». La detuvo por ser periodista, por decir la verdad. Este oficial, que estaba «claramente incómodo» mientras la detenía, no era ni más ni menos que «una herramienta de poder —y un ejemplo de cómo un hombre bueno puede volverse malo— y de cómo ocurren grandes atrocidades. Hannah Arendt escribió sobre la banalidad del mal al describir a los hombres que cumplían las órdenes de Adolf Hitler, como los burócratas (...) pueden actuar sin conciencia porque justifican que solo siguen órdenes (...). Así es como una nación —y un mundo— pierde su alma».

Y, como resultado de esta reflexión, tan sencilla pero contundente, imagina que se dirige a ti para decirte: «Tienes que saber por qué valores estás luchando y tienes que trazar las líneas desde el principio, pero si no lo has hecho, hazlo ahora: donde de un lado eres bueno y de otro lado eres malo». En ese criterio reside ser resistente, ser decente, defender la democracia y los derechos humanos; o bien ser indiferente y acabar participando en el despliegue del mal, como tantos y tantos jóvenes alemanes y alemanas, como tantos y tantas jóvenes en otras partes del mundo en aquel y en otros tiempos. De qué lado estás o quieres estar es lo que parece pedirte María Ressa al final de su discurso.

4. ¡Indignaos!
Para pararse a pensar

Según establece el artículo 19 de la Declaración Universal de los Derechos Humanos, la libertad de expresión es un derecho fundamental. En particular, el artículo dice que «todo individuo tiene derecho a la libertad de opinión y de expresión; este derecho incluye el de no ser molestado a causa de sus opiniones, el de investigar y recibir informaciones y opiniones, y el de difundirlas, sin limitación de fronteras, por cualquier medio de expresión».

Por su parte, la UNESCO, que es el organismo de las Naciones Unidas que tiene el mandato de promover «la libre circulación de ideas por medio de la palabra y de la imagen», promueve la creación de medios de comunicación libres, independientes y plurales en cualquier plataforma o formato. Y ello porque el desarrollo de los medios de comunicación favorece la libertad de expresión y contribuye al fortalecimiento de la paz, el desarrollo sostenible, los derechos humanos y la lucha contra la pobreza.

Finalmente, el mencionado Premio Mundial de Libertad de Prensa UNESCO, Guillermo Cano, rinde tributo cada año, desde 1997, a una persona, organización o institución que haya contribuido de forma notoria a la defensa y/o la promoción de la libertad de prensa en cualquier lugar del mundo, sobre todo cuando para ello haya corrido riesgos. El nombre del premio homenajea a Guillermo Cano Isaza, periodista colombiano asesinado frente a las oficinas de su periódico *El Espectador* en Bogotá, Colombia, en 1986.

Para indignarse

En el estudio *Violencia en línea contra las mujeres periodistas: Instantánea mundial de la incidencia y las repercusiones* de los autores Julie Posetti, Nermine Aboulez, Kalina Bontcheva, Jackie Harrison y Silvio Waisbord, de la UNESCO, en colaboración con el Centro Internacional de Periodismo (publicado en 2020), se encuestó a 714 mujeres periodistas y los resultados arrojaron que al menos el 73% de ellas había sufrido violencia en línea.

El periodista alemán Carl von Ossietzky, en el campo de concentración en Esterwegen. Estuvo en tres campos distintos por su oposición al nazismo

XIX/2023
Narges Mohammadi

Nuestra protagonista tiene en sus manos una sentencia que la condena a 11 años de cárcel. Es una sentencia sin precedentes, de 23 páginas, en la que lee perpleja que se le condena porque el tribunal interpreta que sus actividades en materia de derechos humanos son, en realidad, intentos de derrocar al régimen iraní. Las 23 páginas son una memoria de sus actividades, con detalles que le hacen pensar que fue espiada. Lo que es evidente es que creen que conspira contra el Estado al realizar actividades pro–derechos humanos.

Pero lo inaudito de la condena (11 años) y de su precaria justificación es que, en marzo de ese mismo año (2012), la sentencia sea confirmada por un tribunal de apelaciones aunque, ante el escándalo que produjo su publicación a nivel mundial, se le reduce a seis. Esa condena empieza a cumplirla a partir de su detención el 26 de abril de ese mismo año.

Sabe que el Ministerio de Asuntos Exteriores británico, así como distintas ONG (Amnistía Internacional y Reporteros sin Fronteras, entre otros) calificaron la sentencia de burdo y triste ejemplo de las autoridades iraníes de silenciar a las valientes defensoras de los derechos humanos, considerándola en realidad una presa de conciencia. Pidieron su inmediata liberación, cosa que no lograron. Desde Reporteros Sin Fronteras lo intentaron aumentando la presión sobre el gobierno iraní al reivindicar su liberación aprovechando el noveno aniversario de la muerte de la fotógrafa Zahra Kazemi en la prisión de Evin, donde está desde abril de 2012. Tampoco lo lograron.

Esta mujer se llama Narges Mohammadi, nacida en Zanjan (Irán), el 21 de abril de 1972.

1. Itinerario vital

En diciembre de 2023, Narges estaba presa en Evin, una cárcel de Teherán, por lo que no pudo acudir a Oslo para recoger el Premio Nobel de la Paz que se le concedía por su lucha contra la opresión de las mujeres en Irán, que ella misma estaba sufriendo, y su lucha por promover los derechos humanos y la libertad para todos, de los que ella también se veía privada, especialmente desde 2012, recluida injustamente en Evin.

Narges es licenciada en Física por la Universidad Internacional Imam Jomeini. Su interés profesional se centraba en la ingeniería, pero es cierto como ya en sus años universitarios su sensibilidad y actividad por los derechos humanos iba creciendo. De hecho, escribió varios artículos sobre los derechos de la mujer en el periódico estudiantil de la Universidad. Ahí comienza su vida de perseguida y controlada, pues en esa época fue detenida, al menos, en dos reuniones del grupo de estudiantes políticos *Tashakkol Daaneshjuyi Roshangaraan*, algo así como Grupo de Estudiantes Iluminadores.

Joven intrépida, a quien le gustan los deportes de aventura, especialmente el montañismo (pertenecía a un grupo de escalada), actividades que le serán prohibidas por sus otras actividades, las que tienen que ver con la defensa de los derechos humanos, especialmente la paz y la mujer, además de sus actividades políticas. El acoso y la persecución ha comenzado bien temprano.

Aparte de su ejercicio profesional de ingeniería, también trabajó en otro oficio que, como hemos visto, siempre está bajo sospecha de los regímenes totalitarios: el periodismo. Lo hizo, de hecho, en varios periódicos reformistas, publicando artículos críticos con ciertas políticas de su país, recogiendo más tarde varias de sus ideas en un libro de ensayos políticos titulado *The Reforms, the Strategy and the Tactics*.

Debido a ese compromiso con la libertad y la igualdad, pasó al Centro de Defensores de los Derechos Humanos (DHCR), a partir de 2023, del que es vicepresidenta. Este centro está dirigido por la también Nobel de la Paz Shirin Ebadi.

No solo fue perseguida en sus actividades juveniles y de compromiso político, incluida su profesión, sino que también lo fue en su vida sentimental, pues se vio truncada por la persecución. De hecho, se casó en 1999 con su colega Taghi Rahmani, quien poco después fue arrestado y enviado a la cárcel con una condena de 14 años. La cárcel fue una experiencia muy dura para Taghi y, por eso, al ser liberado decidió exiliarse a Francia. Sin embargo, Narges decidió quedarse para continuar con su trabajo de derechos humanos, porque sentía una responsabilidad que iba más allá de su vida personal, íntima. Ambos tienen dos hijos en común, Ali y Kiana.

Como sabemos, también Narges pasó por la cárcel. De hecho, fue arrestada antes que su futuro marido, en 1998. El motivo ya lo sabemos, tanto como lo injustificado que fue, aunque en países sin democracia forma parte de la vida cotidiana: por críticas al gobierno iraní. Pasó un año en prisión. Al poco de obtener la libertad, ya en abril de 2010, fue citada ante el Tribunal Revolucionario Islámico por su pertenencia al Centro de Defensores de los Derechos Humanos. Una medida más de presión porque, aunque fue puesta en libertad, lo hizo por una fianza desorbitada, 50.000 dólares. De poco le valió lograr esa libertad pagada, porque fue detenida de nuevo unos días más tarde, y recluida por tiempo desconocido para ella (otra presión más) en la ya conocida prisión de Evin. Su estancia en esta prisión afectó gravemente a su salud. De hecho, la dureza de la experiencia allí derivó en epilepsia.

Un año más tarde, en julio de 2011, es de nuevo arrestada y procesada. En este caso, es declarada culpable "por actuar contra la seguridad nacional, por su pertenencia a la DHRC y por atacar al régimen con propaganda falsa". Es condenada a casi once años de prisión, aunque la pena le es rebajada, como sabemos, a seis años debido a las presiones internacionales, tanto institucionales como de parte de varias ONG's.

Esa presión internacional logra que se la libere un año más tarde, concretamente el 31 de julio de 2012. Tres meses más tarde, el 31 de octubre de 2014, Narges pronuncia un emotivo discurso en la tumba de Sattar Beheshti, quien fue torturado hasta la muerte en la prisión de Evin, sin que el responsable haya sido juzgado. En ese discurso culpa directamente al gobierno de su país de esa situación, mostrando así la contradicción entre este brutal hecho y la supuesta intención del parlamento iraní de elaborar una normativa para la promoción de la virtud y la prevención del vicio.

Nada ha cambiado. La prisión de Evin sigue siendo testigo de torturas y detenciones injustas de defensores de los derechos humanos.

Y nada ha cambiado en su país. La persecución sobre Narges, a pesar de su repercusión internacional, sigue en vigor. Ella misma hace pública una citación, que recibe el 5 de noviembre de 2014, en la que se le exige entregarse por una serie de cargos que no aparecen en el papel de la citación y que, obviamente, son tan falsos como claramente intencionados: volver a silenciarla, presionarla para que abandone su lucha por los derechos humanos, por las mujeres, la democracia y la paz positiva. Pero nada de ello logra amedrentarla: rebelde, indignada, resistente, desobediente… He ahí el perfil de una mujer valiente, imprescindible.

Sigue la persecución por parte del gobierno. El 5 de mayo de 2015 es de nuevo detenida sobre la base de nuevas falsas acusaciones, todas ellas tergiversando sus actos humanitarios y de defensa de los derechos humanos como atentados contra el gobierno del país. Resulta curioso, cuando no cínico, que la defensa de los derechos humanos se consideren, por parte un gobierno, un atentado contra el Estado. Da bastante que pensar sobre qué tipo de gobierno y de Estado se trata.

Resulta especialmente interesante el libro, publicado en 2022, con el significativo título *White Torture (Tortura blanca)*. El libro, firmado por Narges, relata los testimonios de catorce mujeres, incluida ella, en las cárceles iraníes.

Cuando habla de ella, Narges se define como «una de los millones de mujeres iraníes orgullosas y resilientes que se han levantado contra la opresión, la represión, la discriminación y la tiranía», y guarda en su memoria a las mujeres valientes y anónimas que han vivido una vida de resistencia en diversas áreas de opresión implacable, silenciadas y no pocas veces olvidadas. Pero ellas son su referente para, aun con todas las penurias que sufre, incluida la cárcel, seguir en la lucha.

Se reconoce como una mujer de Medio Oriente, procedente de una región que, a pesar de su rica civilización, ahora está atrapada en medio de la guerra, el fuego del terrorismo y el extremismo. Es más, se declara mujer iraní orgullosa y honorable contribuyente al desarrollo de la civilización, que por eso mismo y con la sinrazón como autoridad, actualmente se encuentra en la cárcel y «bajo la opresión de un gobierno religioso despótico». Solo esta última frase puede llevarla a la pena de muerte. Pero su valentía no tiene límites, ni tampoco su audacia porque sabe que su discurso ante el mundo entero puede tener su impacto también positivo.

2. Legado

Narges Mohammadi es nuestra última Premio Nobel, aunque tengo la certeza de que vendrán otras muchas más mujeres Premio Nobel, porque sigo creyendo que la paz del mundo depende más de ellas que de los hombres, aunque ellas sigan siendo bastante invisibles todavía.

Motivo: por su lucha contra la opresión de las mujeres en Irán y su lucha por promover los derechos humanos para todos.
Palabras clave: rebeldía, compromiso, cárcel, persecución, resiliencia, valentía.

«Estamos en la lucha por mantenernos vivos. Esta es nuestra realidad. Vivimos esa lucha de manera consciente y voluntaria, tomando medidas que pueden no garantizar una vida segura.

La tiranía es una malevolencia infinita e ilimitada que durante mucho tiempo ha proyectado su sombra sobre millones de seres humanos desplazados. La tiranía convierte la vida en muerte, la bendición en lamento y el consuelo en tormento. La tiranía oprime a la humanidad, el libre albedrío y la dignidad humana. La tiranía es la otra cara de la moneda de la guerra. La intensidad de ambos es devastadora; uno directamente, con sus llamas destructivas de devastación visible, el otro de manera insidiosa y engañosa, destrozando a la humanidad.

Renunciar a la vida en el valle del terror y la inseguridad de la tiranía es como vivir la vida frenética de un ser humano desarmado e indefenso bajo el fuego de misiles y balas.

La tiranía y la guerra crean multitud de víctimas, y no solo las que pierden la vida; la tiranía y la guerra desafían la humanidad y la dignidad de los supervivientes, los observadores y los que permanecen en silencio.

¿Quién puede afirmar que, en esta lucha, la humanidad permanece?»

(Narges Mohammadi, discurso de aceptación del Premio Nobel de la Paz 2023)

3. Claves del discurso

Este discurso de aceptación del Nobel de la Paz fue leído por sus hijos, Ali y Kiana Rahmani, a quienes encargó leer su mensaje, pues Narges no pudo asistir a la ceremonia puesto que estaba encarcelada. Un mensaje que, tras el protocolario saludo, se inicia con el deseo y la confianza «en que el impacto innegable del Premio Nobel de la Paz en el reciente y poderoso movimiento de los iraníes por la paz, la libertad y la democracia irá más allá de la fuerza de la lucha y la resistencia individuales».

Escribe su mensaje desde «detrás de los altos y fríos muros de una prisión». Pero sabe que ese «destino» no es baldío, pues se reconoce como una «prisionera que, al soportar un sufrimiento profundo y desgarrador resultante de la falta de libertad, igualdad y democracia, ha reconocido la necesidad de su existencia y ha encontrado la fe».

En medio del dolor, en medio quizás de la desesperación por la situación de su país, especialmente la de las mujeres, confiesa que su vida de persecución tiene más sentido todavía. De todos modos, es consciente de las dificultades de resolver la situación que viven. Por eso su diagnóstico realistamente es crudo, aun sin perder la esperanza: sabe que están «en medio de las llamas de la violencia y la perpetuación de la tiranía, (de modo que) nuestra causa durante años se ha centrado más en la supervivencia que en la mejora de nuestra calidad de vida».

Imagina la situación que describe. Una situación en que el objetivo y tarea principales son mantenerse con vida, y es evidente que no lo dice ni solo ni principalmente por ella (aunque esté en una cárcel terrible), sino por todas y cada una de las mujeres iraníes y, también, por todos y cada uno de los hombres que se resisten al dominio de un gobierno dictatorial y fanático. Por eso insiste en que todo el mundo debe conocer que, para no pocas personas, su vida consiste en «(...) sobrevivir y vivir en un mundo donde la vida humana está expuesta, sin protección ni escudo, al poder de gobiernos autoritarios arrogantes y permanece indefensa ante todo».

Como sabemos, tras ya tantos discursos de mujeres premiadas en favor de la paz y contra la violencia, esto mismo ocurre en muchas otras partes del mundo, les sucede a millones de personas que viven sometidas a la tiranía, a la violencia, porque el destino las ha situado en un país, una región, una casa, una fábrica donde los derechos humanos son ausencia absoluta.

En el análisis concreto de la situación de su país, Irán, Narges quiere destacar la lucha de su pueblo por lograr la libertad y la igualdad, a través de la democracia como orden político. Pero esa situación parece imposible de conseguir. La opresión del gobierno es demasiado grande. Es por eso que se hace cada vez más evidente que la democracia hay que entenderla y defenderla como una herencia frágil, porque fue una conquista a la contra de gentes poderosas que no querían soltar su poder y que vuelven a él siempre que pueden, con la violencia y el engaño como método, y precisamente aprovechando el sonambulismo en que no pocas veces caemos la ciudadanía, las debilidades propias de la democracia (que las tiene), los momentos de crisis (económicas, etc.), difundiendo mentiras, bulos, etc., como primera estrategia de manipulación y dominio, sometiendo después a través de la violencia con golpes de estado, persecuciones, violencia callejera, guerra, etc.

Efectivamente, Narges constata que el pueblo de Irán se ha esforzado por lograr la democracia, la libertad y la igualdad, y lo ha hecho a través de «protestas no violentas y la resistencia civil», tratando de aprovechar cada oportunidad en ese esfuerzo común de construir una sociedad basada en la paz, la prosperidad y el desarrollo. Pero, cuando ya hay instalado «un gobierno implacable y despiadado que se opone a las demandas civiles de libertad e igualdad de su pueblo, mediante la opresión, masacres, ejecuciones y encarcelamiento», como ella misma sufre, volver a la democracia es una tarea muy compleja. El sueño de la libertad y la igualdad, cuyo camino recto es la democracia y, con ella, el respeto a los derechos humanos, se torna difícil hoy por hoy en su Irán. A la democracia, en fin, hay que cuidarla día a día, porque perderla cuesta poco pero recuperarla es muy difícil.

Narges desgrana cada uno de los elementos que hacen difícil la restauración de la democracia en Irán, tratándose de un gobierno «religioso tiránico y anti–mujeres». Nos pueden servir de modelo para entender la dificultad de recuperar la democracia en cualquier otro lugar del mundo, aun variando un tanto algunas circunstancias privativas de cada país, como suelen ser la religión, la economía o la cultura. No obstante, como decía, su análisis nos sirve para darnos a entender la complejidad de recuperar la democracia en un país con una dictadura dispuesta a bloquear todo intento de apertura, aunque sea mínimo.

En primer lugar, en el escenario político, la estrategia consiste en «bloquear cualquier movimiento político en la sociedad», restringiendo así las oportunidades políticas de cambio, aunque sea mínimo, y suprimiendo las acciones tanto colectivas como individuales que puedan pedir un mínimo de libertad. Es así como en Irán el gobierno y el pueblo se han constituido como dos esferas totalmente distanciadas y subordinada la segunda a la primera en cualquier ámbito. Es así como aparece una estructura rígida social, leyes no democráticas y mecanismos y procedimientos opacos y fraudulentos, como el simulacro de elecciones y votación, que son «irrelevantes para la mayoría del pueblo de Irán». ¿Cómo podría ser de otro modo, si se han ido «reprimiendo severamente a las organizaciones civiles independientes?».

Desde el punto de vista cultural o etnográfico, Narges constata que la estrategia del gobierno ha sido la de aplicar «sistemáticamente la discriminación basada en la religión, el género y el origen étnico». Otra estrategia propia de los totalitarismos.

En el ámbito judicial, se hace evidente que el poder judicial de la República Islámica es una pantomima, desde el mismo momento en que el jefe del poder judicial es nombrado directamente por el Líder Supremo y los tribunales revolucionarios están bajo el control de instituciones militares y de seguridad del Estado. Con este escenario judicial, el resultado no puede ser otro que la injusticia y el incumplimiento de los derechos humanos.

La propaganda, disfrazada de cultura, es otro escenario de soporte de un estado dictatorial. De hecho, constata Narges, «el gobierno se ha esforzado por mantener su maquinaria ideológica y sus organizaciones de propaganda a un costo exorbitante para mantener la aceptación ideológica y la propaganda generalizada en la sociedad iraní». De todos modos, Narge constata que las protestas civiles, aun reprimidas y represaliadas, muestran que poco a poco «la maquinaria ideológica del gobierno ha perdido su funcionalidad, desafiando la legitimidad del gobierno».

Finalmente, y por lo que a la economía se refiere, la corrupción forma parte clave del sistema. El gobierno apoya el rentismo, «el amiguismo y el saqueo entregando monopolios y privilegios especiales a grupos leales». Esto hace que el sistema económico sea ineficiente y genere pobreza y enormes desigualdades, además de injusticia. De hecho, Narges cree que, de seguir este sistema, van a generarse graves consecuencias: «Estas políticas ponen la vida de las personas y su dignidad y estatus en riesgo de colapso y destrucción». Genera hambre, no solo de justicia y libertad, sino de pan. Pero, aun con todas las protestas, el gobierno no ha cedido lo más mínimo (y eso que los economistas que le dan soporte también deben haber advertido lo «caótica de la situación»); la única respuesta dada ha sido arrestar, encarcelar, matar... Como muestra, recuerda Narges los acontecimientos de noviembre de 2019.

¿Quiénes se enfrentan a este régimen tan demoledor de la vida de las iraníes? ¿Quiénes denuncian que en la República Islámica no se respetan en absoluto los Derechos Humanos, de modo que se da una denigración (en todos los escenarios: políticos, económicos, sociales, culturales y ambientales) de la vida de las personas? Sin duda, el movimiento *Mujeres, Vida, Libertad,* que es un «acelerador del proceso democrático».

Efectivamente, el movimiento *Mujeres, Vida, Libertad* surge como una continuación «de luchas históricas, moldeadas por la acción de las mujeres iraníes», tras el asesinato de Mahsa Amini, también conocida como Zhina Amini. El asesinato de Mahsa fue un punto de inflexión.

Las mujeres iraníes se han levantado con fuerza para frenar el régimen religioso y autoritario en que malviven los ciudadanos y, sobre todo, las ciudadanas iraníes. ¿Qué han logrado? Tras los 45 años de experiencia como represaliadas resistentes, en rebeldía, tienen una alta capacidad para «desafiar las tradiciones culturales e institucionales», señalando el camino hacia la igualdad, la libertad y la democracia; en ese sentido, también han aprendido a sortear, en lo posible, la discriminación y la opresión que sufren tanto en la esfera pública como en la privada, además del «apartheid sexual y de género», contrarrestándolos con su «incansable resistencia». Y, también necesario, trabajan en «una transición desde la tiranía religiosa». A propósito de esta última, pero contextualizándolo como es de rigor, saca a la palestra el asunto del *hijab*: «La intensificada opresión de las mujeres a través del *hijab* obligatorio, una política gubernamental vergonzosa, no nos obligará a conformarnos porque creemos que el *hijab* obligatorio impuesto por el gobierno no es una obligación religiosa ni una tradición cultural, sino más bien un medio para mantener la autoridad y sumisión en toda la sociedad. La abolición del *hijab* obligatorio equivale a la abolición de todas las raíces de la tiranía religiosa y a la ruptura de las cadenas de la opresión autoritaria».

En fin, y con palabras sabias cuyo alcance van más allá de la realidad iraní y repercute en todo proceso de democratización y de defensa de la democracia (siempre frágil), nos da una lección más de resistencia y de rebelión pacífica: «(...) la sociedad civil es la esencia de la democracia y, sin una sociedad civil fuerte, el futuro de la democracia en Irán no estará garantizado. La sociedad civil iraní tiene valiosas experiencias históricas y, a pesar de la severa represión gubernamental, ha seguido sobreviviendo de diversas formas». Este es el principio de esperanza para recuperar toda democracia o bien no dejar de cuidarla: la impronta de la sociedad civil, la oportunidad de crear un *ethos* democrático, de mínimos pero crítico, que evite la «estafa» (M. Horkheimer), que «perjudique la necedad» (Nietzsche), que sea capaz de «denunciar la estupidez humana y la bajeza de pensamiento bajo todas sus formas» (G. Deleuze).

La lucha por la democracia no debe ser una lucha individual o nacional, sino que ha llegado el momento de que sea internacional. Esa es la reflexión y petición final de Narges: «Sin duda, el pueblo de Irán continuará su lucha, pero en el mundo globalizado de hoy la importancia del papel de los gobiernos y la sociedad civil global —incluidas las organizaciones e instituciones internacionales, los medios de comunicación y las organizaciones no gubernamentales independientes— es innegable».

La globalización ha sido fundamentalmente económica. Ha llegado el momento de que sea también ética. Por eso, Narges, ante la situación actual no solo de Irán, sino de tantos y tantos países donde no se respetan —ni mínimamente— los derechos humanos, se pregunta y nos pregunta: «¿Cuál es la solución? ¿No ha llegado el momento de que el mundo encuentre urgentemente una solución unificada y coherente? Creo que la globalización de la paz y los derechos humanos es más fundamental y efectiva que la globalización de cualquier otra cosa». Recordemos que, desde el punto de vista medioambiental, la globalización económica ha puesto fecha de colapso: 2050. Estamos a las puertas de una no vuelta atrás grave.

Narges acaba su discurso con un mensaje esperanzado:

«Hoy, la juventud de Irán ha transformado las calles y los espacios públicos en un escenario de resistencia civil generalizada. La resistencia está viva y la lucha perdura. La resistencia continua y la no violencia son las mejores estrategias. Este es el difícil camino que siempre han tomado los iraníes, confiando en su conciencia histórica y su voluntad colectiva. El pueblo iraní desmantelará la obstrucción y el despotismo mediante su perseverancia. No lo dudes: esto es seguro.

Con esperanza y entusiasmo, y junto a las mujeres y hombres resilientes y valientes de Irán, extiendo mi mano a todas las fuerzas, movimientos e individuos que se centran en la paz, el pacto global de derechos humanos y la democracia.

Confío en que la luz de la libertad y la justicia brillará intensamente en la tierra de Irán. En ese momento celebraremos la victoria de la democracia y los derechos humanos sobre la tiranía y el autoritarismo, y el himno del triunfo del pueblo en las calles de Irán resonará en todo el mundo».

Son las palabras de nuestra última protagonista, desde la prisión; son las voces de su hijo y de su hija, desde Oslo, el 10 de diciembre de 2023, quienes nos las transmiten.

4. ¡Indignaos!

Para pararse a pensar

¿Cómo se puede confundir una acción en favor de los derechos humanos con un acto contra el Estado o el Gobierno? ¿Desde cuando pedir libertad, igualdad, educación, etc., y más de forma pacífica y razonada, es un atentado contra un país? ¿Quién puede tener alguna «razón» para hacer esa tergiversación? ¿De qué tienen miedo? ¿Qué y quién pierde si, de repente, los derechos humanos comienzan a tomar cuerpo y realidad?

Para indignarse

Narges sigue encarcelada. Sigue cumpliendo una condena de 12 años, 11 meses y 154 latigazos (entre otras sanciones).

Kiana y Ali, mellizos de 17 años, los hijos de Narges, en el Ayuntamiento de Oslo. (RTVE.ES)

En conclusión

No te salves. No seas indiferente.
Rebélate. Indígnate.
Por dignidad.

1. No te salves

Dice Mario Benedetti, en uno de los epílogos a su libro *Poemas de otros* (1974), que algunos de sus fragmentos poéticos tienen referencias políticas, pero aun esos terminan siendo poemas de amor, tal vez como una manera de decir que la política puede ser una forma del amor y que ni el amor ni la política son actores secundarios de nuestras vidas, sino más bien una necesidad esencial.

Creo que el itinerario vital de cada una de las 19 mujeres que acabamos de conocer y de reconocer es precisamente eso, una forma de amor que muestra que la actitud política, cuando es auténtica, esto es, cuando busca la transformación social en aras de la paz, de la justicia, de la libertad y la igualdad, en fin, de los Derechos Humanos, es también y sobre todo, amor.

Muchos de los poemas que Benedetti incluye en ese libro crean un vínculo especial entre el autor y la persona que lee, invitándola suavemente a la justicia y a la empatía, al «próximo–prójimo» al que se refería en algunas de sus reflexiones y entrevistas.

De entre todos, el poema que más me acerca a Benedetti y el que más cerca está del lineamiento de este ensayo, diría que es el poema «No te salves». El lector o lectora juzgará. Dice así:

No te salves

No te quedes inmóvil
al borde del camino
no congeles el júbilo
no quieras con desgana
no te salves ahora
ni nunca.

No te salves
no te llenes de calma
no reserves del mundo
solo un rincón tranquilo
no dejes caer los párpados
pesados como juicios
no te quedes sin labios
no te duermas sin sueño
no te pienses sin sangre
no te juzgues sin tiempo
pero si pese a todo
no puedes evitarlo
y congelas el júbilo
y quieres con desgana
y te salvas ahora
y te llenas de calma
y reservas del mundo
solo un rincón tranquilo
y dejas caer los párpados
pesados como juicios
y te secas sin labios
y te duermes sin sueño
y te piensas sin sangre
y te juzgas sin tiempo
y te quedas inmóvil
al borde del camino
y te salvas
entonces
no te quedes conmigo.

Poemas de otros (1974)

2. Cárceles y lealtades

He de confesar que creía que el autor del siguiente poema (que pensaba canción) era Pablo Milanés. Y pensaba, además, que el cantautor había logrado captar la esencia del *No te salves* de Benedetti a través de una historia dura vertida en la canción *Hombre preso que mira a su hijo*. Pero, al indagar para dar final al libro que tienes en tus manos, descubrí la verdad, y es que el autor del texto es Benedetti, y Milanés puso la música y voz. Dudé en repetir autor para este final, pero creo que el poema, que también es canción, merece la pena. Dice así:

Cuando era como vos me enseñaron los viejos
y también las maestras bondadosas y miopes
que libertad o muerte era una redundancia.
A quién se le ocurría en un país
donde los presidentes andaban sin capanga
que la patria o la tumba era otro pleonasmo
ya que la patria funcionaba bien
en las canchas y en los pastoreos.
Realmente, botija, no sabían un corno,
pobrecitos creían que "libertad"
era tan solo una palabra aguda,
que muerte era tan solo grave o llana,
que cárceles, por suerte una palabra esdrújula.
Olvidaban poner el acento en el hombre.
La culpa no era exactamente de ellos,
sino de otros más duros y siniestros
y estos sí, cómo nos ensartaron
en la limpia república verbal y cómo idealizaron
la vidurria de vaca y estancieros.
Y cómo nos vendieron un ejército
que tomaba su mate en los cuarteles.
Uno no siempre hace lo que quiere
uno no siempre puede, por eso estoy aquí,
mirándote y echándote de menos.
Por eso es que no puedo despeinarte el coco,
ni ayudarte con la tabla del nueve
y acribillarte a pelotazos.

Vos sabes bien que tuve que elegir
otros juegos y que los jugué en serio.
Y jugué, por ejemplo, a los ladrones
y los ladrones eran policías.
Y jugué, por ejemplo, a la escondida.
Si te descubrían te mataban
y jugué a la mancha y era de sangre.
Botija, aunque tengas pocos años,
creo que hay que decirte la verdad
para que no la olvides, por eso
no te oculto que me dieron picana
que casi me revientan los riñones.
Todas estas llagas, hinchazones y heridas
que tus ojos redondos miran hipnotizados
son durísimos golpes, son botas en la cara.
Demasiado dolor para que te lo oculte,
demasiado suplicio para que se me borre.
Pero también es bueno que conozcas
que tu viejo calló o puteó como un loco
que es una linda forma de callar.
Que tu viejo olvidó todos los números,
por eso no podría ayudarte en las tablas
y por lo tanto olvidé todos los teléfonos
y las calles y el color de los ojos,
y los cabellos y las cicatrices
y en qué esquina y en qué bar,
qué parada, qué casa.
Y acordarme de ti,
de tu carita me ayudaba a callar.
Una cosa es morirse de dolor
y otra cosa morirse de vergüenza.
Por eso ahora, me podés preguntar
y sobre todo puedo yo responder.
Uno no siempre hace lo que quiere
pero tiene el derecho
de no hacer lo que no quiere.
Llora no más, botija,
son macanas que los hombres no lloran.

Aquí lloramos todos,
gritamos, chillamos, moqueamos, berreamos,
maldecimos, porque es mejor llorar que traicionar,
porque es mejor llorar que traicionarse,
llorar, pero no olvidés.

(Compuesta por: Mario Benedetti / Pablo Milanés)

3. ¿Cuál será tu verso salvador?

Acabo con otro poema, en este caso de Walt Witman. W. Wihtman es una persona de gran sensibilidad, un aspecto personal que se nota en sus poemas. Poemas que llegan al corazón y mueven los resortes de empatía y generosidad, también de empoderamiento e indignación.

Quizás fuese la visita que realizó a su hermano George, herido al comienzo de la guerra (in)civil norteamericana, la que le impulso a escribir de este modo. Sabemos que en esa visita, además de pormenores de la brutalidad de la guerra, conoció de primera mano el sufrimiento de los soldados heridos que yacían junto a su hermano. Aquella situación le sumió en una pesadumbre tal –confiesa– que le marcó la vida para siempre, tanto que le impulsó a trabajar de voluntario como ayudante de enfermería y, como decía, probablemente marcó también el rumbo de su poesía.

En fin, esta acción solidaria, junto con la creencia y defensa de los valores universales de la democracia y un cierto ideal de comunión entre los seres humanos y la naturaleza, le hizo el poeta imprescindible que es.

Uno de sus poemas emblemáticos, el de *Hojas de hierba*, nos impulsa a tomar protagonismo en nuestra vida y en el respeto a los valores esenciales a través de la acción, especialmente la del «valor del dar» que ya nos enseñó V. Frankl y que está presente en nuestras protagonistas. Dice así:

> ¡Oh, mi yo! ¡oh, vida!
> de sus preguntas que vuelven,
> del desfile interminable de los desleales,
> de las ciudades llenas de necios.
> De mí mismo, que me reprocho siempre
> (pues, ¿quién es más necio que yo, ni más desleal?).
> De los ojos que en vano ansían la luz,
> de los objetos despreciables,
> de la lucha siempre renovada,
> de los malos resultados de todo,
> de las multitudes afanosas y sórdidas que me rodean.

De los años vacíos e inútiles de los demás,
yo entrelazado con los demás.

La pregunta, ¡oh, mi yo!,
la pregunta triste que vuelve
– ¿qué de bueno hay en medio de estas cosas,
oh, mi yo, oh, vida? –

Respuesta:

Que estás aquí,
que existe la vida y la identidad,
que prosigue el poderoso drama,
y que tú puedes contribuir con un verso.

Que prosigue el poderoso drama y tú puedes contribuir con un verso...

Entonces, ¿cuál sería tu verso?